K.L.A.R.

Ben Faridi

Aber Aisha ist doch nicht euer Eigentum!

Verlag an der Ruhr

K.
L.
A.
R.

Kurz – **L**eicht – **A**ktuell – **R**eal

Impressum

Titel Aber Aisha ist doch nicht euer Eigentum!
Autor Ben Faridi
Cover-Foto PhotoCase.de
Druck DRUCKZONE, Cottbus
Verlag Verlag an der Ruhr
Alexanderstr. 54 – 45472 Mülheim an der Ruhr
Postfach 10 22 51 – 45422 Mülheim an der Ruhr
Tel. 02 08/439 54 50 – Fax 0208/439 54 239

ISBN 978-3-8346-0055-4

geeignet für die Klasse 6 7 8 9 10

Die Schreibweise der Texte folgt der neuesten Fassung der Rechtschreibregeln – gültig ab August 2006.

Begleitendes Unterrichtsmaterial:

K.L.A.R. – Literatur-Kartei:
„Aber Aisha ist doch nicht euer Eigentum!“
Stephanie Schmidt, Ben Faridi
Kl. 7–10, 72 S., A4, Papph.
ISBN 3-8346-0056-3
Best.-Nr. 60056

Vorwort

Über Kopftücher wird viel geredet und geschrieben. Man ist entweder dafür oder dagegen. Die richtige oder die falsche Seite. Die Wirklichkeit hat mehr als zwei Seiten. Vielleicht so viele Seiten, wie es Menschen gibt. Vielleicht auch mehr. Mit diesen Menschen sollte man sprechen und von ihnen erzählen. Von ihren Gefühlen und Geschichten und was Kopftücher darin für eine Rolle spielen. Das habe ich versucht.

Und wenn du, lieber Leser, jemanden mit einem Kopftuch siehst, dann könntest du dich für seine Gefühle und seine Geschichte interessieren, nicht nur für seine Kopfbedeckung. Vielleicht habt ihr etwas gemeinsam. Vielleicht verliebt ihr euch? Wer weiß …

B. F.
Oktober 2005

1.

Früher dachte ich es sei schwer, ein Mädchen kennen zu lernen. Jetzt weiß ich, dass es viel schwieriger ist, mit einem Mädchen zusammenzubleiben. Und ich weiß heute, dass Liebe keine Privatsache ist, sondern alle etwas dazu zu sagen haben.

Aisha und ich, wir sind zusammen. Das hätte aber niemand erfahren sollen. Als es herauskam, durften wir uns nicht mehr sehen. Deswegen wollte ich mit Aisha weggehen. An einen Ort, wo wir Ruhe vor den anderen haben. Natürlich war das irgendwie ein Kurzschluss. Wir verdienen kein Geld und gehen noch zur Schule. Aber manchmal ist es wichtiger, seine Gefühle zu schützen, als vorher immer genau nachzudenken.

Aisha kam vor zwei Jahren zu uns in die Siebte. Als ich sie zum ersten Mal sah, musste ich an etwas Leckeres zu essen denken. Ihre Haut schimmerte wie dunkelgrüne Oliven und ihre Augen sahen aus wie Mandeln. Ich hätte sie wirklich gerne angesprochen.

„Alex, sei nicht so schüchtern", sagte meine Urgroßtante Amalia manchmal zu mir. Und sie hatte Recht: Ich war schüchtern und hätte niemals ein Mädchen bei uns angesprochen. Schon gar nicht Aisha. Aber eigentlich finde ich, dass man als 15-Jähriger nicht mehr so schüchtern sein sollte. Trotzdem, ich konnte nicht einfach zu Aisha gehen und sagen: „Du siehst super aus. Ich würde dich gerne näher kennen lernen." So etwas kann ich nicht. Wenn man jemanden wirklich toll findet, dann geht das irgendwie nicht. Jedenfalls nicht bei mir.

Also sprach ich Aisha nicht an, sondern betrachtete sie einfach von weitem. Das ging in den letzten zwei Jahren eigentlich ganz gut. In diesem Schuljahr wurde aber alles anders. Die Sommerferien lagen recht früh und die Schule begann noch mitten im Sommer. Nach den ersten Tagen hatten wir uns alle erzählt, was wir Wichtiges gemacht hatten. Und dann, dann ging Aisha an mir vorbei und ich wurde vom Blitz getroffen. Bumm. Ich weiß auch nicht, wie ich das sonst beschreiben sollte. Wir standen wie üblich vor der Klasse und warteten, dass Herr

Nollendorf endlich die Klasse aufschließen würde. Dann lief Aisha an mir vorbei. Wie ihre Haare rochen, wie sie lief. Mit mir war nichts mehr anzufangen. Warum ging sie an mir vorbei? Wollte sie mir ein Zeichen geben?

In der Pause stand ich wieder an der gleichen Stelle und wartete, ob Aisha noch mal an mir vorbeiwehen würde. War nichts. Kevin rülpste mir mal wieder ins Ohr. Aber das kannte ich schon. In Bio schaute ich verstohlen zu Aisha hinüber. Sie blickte kurz in meine Richtung, aber ich wusste nicht, ob sie wirklich mich angesehen hatte. So ging das dann den ganzen Montag lang weiter. Ein Tag, der nicht aufhörte, zwischen Qual und Hoffnung. Jede Sekunde hatte ich gehofft, sie würde noch mal in meine Nähe kommen. Sekunden, die wie Tage waren. Aber es passierte nichts, gar nichts.

Zu Hause machte ich mir eine Riesen-Portion Ravioli warm, aber ich war zu nervös, um zu essen. Schließlich ließ ich das Essen stehen und warf mich aufs Sofa. Löcher in die Decke sehen. Das ist echt super. Einfach die

Decke anstarren, bis man schwarze Flecken sieht. Dabei konnte ich träumen. Wie Aisha mich ansah. Wie ich ihre Haare berührte. Wie wir unsere Hände hielten. Wie wir uns küssten. Ganz weiche Lippen.

Am nächsten Tag hatte ich mir fest vorgenommen, irgendetwas zu unternehmen. Aber was? Aishas beste Freundin hieß Leila. Die beiden standen in der Pause immer an der blauen Bank. Ich wusste nicht, warum ausgerechnet dort, jedenfalls war Aisha deswegen nie alleine. Die beiden Mädchen tuschelten immer und standen ziemlich weit weg vom Basketballkorb. Dort stand ich mit Mehti. Mehti und ich sind beste Freunde. Wir wollen später mal in die amerikanische Basketball-Liga, die NBA. Vielleicht jedenfalls.

Aisha. Mehr passte nicht in meinen Kopf. Die Zeit verging unendlich langsam. Nichts geschah. Vielleicht hätte ich mit Leila sprechen können. Und Leila hätte dann wieder mit Aisha gesprochen. Das ist glaube ich der wirkliche Grund für beste Freundinnen. Aber Leila kannte ich nicht und sie hatte ein

Kopftuch auf. Ich war mir unsicher, was sie davon hält, dass ich mich an ihre beste Freundin heranmache. Am Ende der Woche hatte ich meinen Tiefpunkt. So einen Stress hält man ja nicht aus. Dann passierte es! Aisha sah mich in Mathe an! Ich meine jetzt richtig, nicht irgendein Blödsinn. Das war kein Zufall, auf keinen Fall. Sie wollte mir sagen, dass ich am Ball bleiben soll – glaub ich jedenfalls. Ziemlich verträumt fuhr ich nach Hause. Mit dem Rad. Auf dem Rad kann ich gut träumen. Von Aisha zum Beispiel.

Plötzlich war da jemand vor mir. Lenker rübergerissen, hart links. Ratsch, Hose aufgerissen, Knie blutig, Schutzblech schepperte, Fahrrad kaputt. Wir lagen beide mit den Rädern auf der Erde. Zum Glück fielen wir weich auf den Grünstreifen neben der Straße. Als ich ziemlich verdattert den Kopf hob, sah ich Aisha ins Gesicht. Sie schaute mich an, wie man eben einen Trottel ansieht. Vielleicht ein klein wenig zu lange. Fast vertraut. Dann musste sie lachen: „Du siehst aus wie ein Erdhörnchen!“ Da merkte ich dann auch, dass ich voller Staub und Erde war. So ein Mist, dachte ich mir.

Immer wenn man einen guten Eindruck machen sollte … Was tun? Aisha aufhelfen? Schnell wegrennen?

Aisha rettete mich. „Mein Schutzblech ist völlig kaputt. Kannst du das irgendwo gerade biegen. Damit komme ich nicht nach Hause." Das Leben ist manchmal anders, als man denkt. „Klar mach ich das. Hab's ja auch verbockt. Ich wohne hier gleich um die Ecke." War das zu direkt? Ach was. Immerhin gab es ja einen Unfall! Ich wuschelte mir durch die Haare. Dann schoben wir unsere kaputten Fahrräder zu mir nach Hause. Unterwegs wusste ich nicht, was ich sagen sollte. Stille kann einen erdrücken. „Wo wohnst du denn?", fiel mir dann zum Glück ein. „Im Grüneburgweg", sagte Aisha. Dann war wieder Ruhe. Meine Hände wurden schwitzig. Zum Glück waren wir schnell bei mir.

Mein Vater war eigentlich nie zu Hause. Und wenn doch, dann war das eher ein schlechtes Zeichen. Er arbeitete als Maler in einer Firma. Abends ging er zu Bekannten und arbeitete dort weiter. Das nennt man

Schwarzarbeit, und alle reden im Fernsehen darüber, weil man damit die Steuern umgeht. Meine Mutter wohnte nicht mehr bei uns. Manchmal kam sie mich besuchen. Sie hatte einen anderen Mann und lebte dort mit dessen Kindern zusammen, weil sie es „mit meinem Vater nicht aushält", wie sie immer sagte. Deswegen hatte ich eigentlich immer sturmfreie Bude, und es interessierte keinen, als ich mit Aisha nach Hause kam.

Wir hatten unsere Räder in den Fahrradkeller gebracht. Dann drehte ich ihr Fahrrad um und fing an, es zu reparieren. Schutzblech gerade, Kette auf den Zahnkranz und was sonst noch so zu machen war. Aisha schaute zu und half mir, soweit das ging.

Danach gingen wir in die Wohnung und wuschen uns das ganze Öl von den Händen. „Gibt's hier was zu trinken?", fragte Aisha. „Klar, Cola oder Wasser?" „Cola", sagte Aisha. Dann saßen wir da und sagten wieder eine Weile nichts. Eigentlich furchtbar. Eine ganze Woche hatte ich auf ein Wort oder einen Blick von Aisha gefiebert. Jetzt saßen wir alleine in der Küche, und ich hatte keine Ahnung, was ich sagen sollte.

„Wo sind denn deine Eltern?“, unterbrach Aisha die Stille. „Mein Vater arbeitet immer. Und meine Mutter wohnt woanders. Ich kann hier machen, was ich will.“ „Cool. Ich habe zu Hause keine Sekunde für mich. Meine Mutter ist immer da und macht Haushalt. Und wenn Papa abends kommt, verziehe ich mich mit meiner Schwester lieber.“ „Woher kommen deine Eltern eigentlich?“ „Aus der Türkei.“

„Hast du deine Verwandten dort schon mal gesehen?“ „Als ich klein war, sind wir alle zusammen oft in die Nähe von Antalya, wo mein Vater herkommt. Kennst du die Türkei?“ „Nur aus dem Fernsehen.“ „Die Deutschen machen in Antalya oft Urlaub. Deswegen sind meine Eltern auch nach Deutschland gekommen. Egal. Jedenfalls bin ich ziemlich froh gewesen, dass wir nach Deutschland kamen. Mein Onkel wurde echt ätzend. Er ist einfach total konservativ. Ich sollte verheiratet werden und einen Schleier tragen und den ganzen Scheiß. Meine Eltern haben wegen der Familie alles mitgemacht.“ „Krass.“ „Mist, ich muss sofort los. Meine Mutter wird stinksauer und Papa rastet völlig aus, wenn irgendjemand mitkriegt, dass ich hier war.“ „Ich sage nichts! Ehrenwort.“ Dann rannte Aisha die Treppe runter und verschwand auf dem Fahrrad.

Ich schwebte die Treppe wieder hinauf. Aisha war da gewesen! Ich würde ihr Glas nicht spülen. Und sie saß auf dem Stuhl in der Küche. Den durfte niemand anders mehr benutzen. Ob ich das Mehti erzählen konnte? Wenn Aisha eine Muslimin ist, durfte sie mich dann überhaupt sehen? Wie würde das jetzt weitergehen? Wie auch immer: Jetzt war erstmal Wochenende und es würde bis Montag dauern, bis ich sie wiedersehen konnte.

2.

So ein Wochenende kann sich ja endlos hinziehen. Zum Glück gab es Mehti. Mehti und ich spielten zusammen Basketball. Schon seit wir uns kannten. Und letztes Jahr haben wir uns in der Nähe eines Baggersees einen eigenen Korb aufgehängt. Der gehörte nur uns. Da konnten wir immer hin, und niemand störte uns. Manchmal gingen wir auch in dem See schwimmen. Da traf man andere, konnte die Mädchen im Bikini sehen und abends auch mal Lagerfeuer machen. Coole Sache.

So war das auch an diesem Wochenende. Mehti und ich trafen uns mittags und übten am Korb. Dribbeln, einwerfen, weite Würfe, nahe Würfe. Irgendwann machten wir Pause. „Du bist heute richtig lasch drauf. Was ist los?“, nervte Mehti gleich. „Hey Mann, reg dich ab. Schlecht gefrühstückt.“ „Guter Ablenkungsversuch. Hat nicht funktioniert. Los, erzähl schon.“ „Sag mal, dein Vater ist doch Türke, oder?“ „Wen interessiert das?“ „Nee, sag mal. Könntest du denn eine deutsche Freundin mit nach Hause bringen?“

„Klar. Meine Mutter hat das geregelt. Als wir nach Deutschland gezogen sind, hat mein Vater gesagt, dass meine Schwester hier nicht so rumlaufen kann wie die anderen. So ginge das nicht. Minirock und so." „Und?" „Meine Mutter ist ziemlich ausgerastet und hat ihn richtig angepfiffen. Das ginge ihn gar nichts an. Wäre hier kein türkisches Gefängnis. Das könnte er woanders haben und so." „Cool!" „Fand ich auch. Mein Vater hat einen Rückzieher gemacht und seitdem wird nicht mehr darüber geredet." „Hm." „Hey, jetzt aber raus damit", meinte Mehti, „hast du dich in eine Türkin verknallt? Wer denn?" „Ich? Nee. Wie kommst du denn darauf? Reg dich bloß ab. Komm, wir gehen schwimmen." Ich rannte los. Mehti würde seine Frage nicht vergessen. Aber ich hatte erstmal eine Denkpause. Immerhin hatte ich Aisha versprochen, niemandem von unserem Treffen zu erzählen.

Der Montag war ein schlechter Tag. Mathearbeit. Aber Aisha würde wieder da

sein. War das mit dem Rad nur ein blöder Zufall oder fand mich Aisha vielleicht doch ganz nett? Als ich sie sah, lächelte sie ein bisschen. Na ja, ich wusste nicht, ob das wirklich ein Lächeln war. „Hi, gut nach Hause gekommen?“, wollte ich schon sagen. Dann fiel mir wieder ein, dass sie ja alles geheim halten wollte. Sollte ich ihr einen Brief schreiben? Aber was sollte da drinstehen?
Die Wirklichkeit holte mich kurz darauf ein, als wir die Arbeitsblätter verteilt bekamen.

Irgendwann beim Schreiben spürte ich einen Blick. Als ich aufsah, fand ich Aishas Augen. Nur eine Sekunde lang. Dann schaute sie wieder weg. Dachte sie an mich? Ich bekam Herzklopfen und schrieb weiter. Sie dachte an mich! Ich war mir sicher.

In der Pause schaute ich wieder und wieder nach ihr. Wie üblich stand sie bei Leila und kicherte die ganze Zeit. Warten, warten. Ist das Liebe? Nach der Schule rempelte mich Mehti an. „Du alter Sack, Aisha ist es. Hab alles gesehen. Oh Mann.“ „Mist, sag bloß niemandem was. Aisha bekommt zu Hause bestimmt Ärger." „Habt ihr euch getroffen oder was?" „Beim Radfahren. Mit Crash."

„Ich lach mich tot. Und dann?" „Hab ich ihr Rad repariert, du Trottel. Was sonst?" „Der Vater von Aisha besucht manchmal meinen Vater. Dann reden die über alte Zeiten. Aishas Vater ist ein ziemlich konservativer Knochen. Der würde seinen Töchtern am liebsten so einen Komplett-Schleier verpassen und sie nicht aus dem Haus lassen, bis sie verheiratet sind." „Echt?" „Mein Vater redet dann immer auf ihn ein, dass das hier eben nicht geht. Dann schaukeln die beiden ihre Köpfe hin und her und trinken einen Tee."

„Das gibt Ärger. Was soll ich denn jetzt machen?" „Da gibt's nur einen Weg: Mach's heimlich. Sonst wird dir nach islamischem Recht da was abgehackt, wo's weh tut!" „Du spinnst, echt?" Mehti grinste. „Arsch", meinte ich nur. „Tipp von Türke: Du sprechen mit beste Freundin. Beste Freundin sprechen mit Aisha." Mehti lachte.

Leila hatte ein Kopftuch. Konnte ich ihr wirklich vertrauen? Nein. Ich musste vorsichtig sein. Dann hatte ich eine andere Idee. Ich kaufte eine Fahrradklingel. Am nächsten Tag legte ich beim Rausgehen vor der Pause die Klingel auf Aishas Stuhl. Aisha würde schon verstehen, dass das Päckchen von mir war.

Ich kam extra früh wieder in die Klasse, um zu schauen, was sie machen würde. Aisha nahm die Klingel und steckte sie sofort in ihre Tasche. Dann tuschelte sie mit Leila. Ob sie überhaupt verstanden hatte, dass das ein Geschenk von mir war? Bis Schulende kein Blick, nichts. Das war wohl ein Flop. Dienstagnachmittag war zum Glück Basketball. Unser Trainer brüllte mal wieder, weil irgendwer irgendwas gemacht hatte. Irgendwann habe ich nicht mehr an Aisha gedacht.

Am nächsten Morgen lief Leila an mir vorbei. Plötzlich spürte ich ihre Hand und einen Zettel darin. Ich hielt den Zettel fest und rannte aufs Klo, um ihn zu lesen: ‚Danke für die Klingel. Aisha.' Ha! Aisha hatte eine ganz runde Handschrift und mit einem rosa Stift geschrieben. Ich fand, das war ein klarer Beweis. Schwarz auf Weiß, also Rosa auf Weiß. Ich war mir nur noch nicht sicher, wofür das der Beweis war.

Einmal in der Woche holte Aisha von einem türkischen Händler Brot und Gemüse für zu Hause. Und zwar mittwochs. Das hatte ich herausgefunden. Vielleicht ein unauffälliger Treffpunkt? Einen Versuch war es wert. Nach der Schule ging ich zu dem türkischen Geschäft und stellte mich in der Nähe an eine Ecke. Ganz zufällig versteht sich. In dem Geschäft kauften nur Türken, Araber und so ein. Einige Frauen waren verschleiert. Ich würde nicht in so ein Geschäft gehen. Bestimmt würden mich alle anstarren.

Irgendwann kam auch Aisha und kaufte ein. Als sie aus dem Geschäft kam, schlenderte ich total zufällig vorbei. „Was machst du denn hier?“, sagte Aisha erstaunt. „Manchmal kaufe ich drüben für meinen Vater Zigaretten. Und du?“ „Hab für meine Mutter eingekauft. Danke für die Klingel. Habe ich mir ans Rad gemacht, wie du siehst.“ Ich war stolz.

Wir schoben unsere Fahrräder ein Stück zusammen. „Magst du mal zum Baggersee kommen? Ich spiele da immer mit Mehti

Basketball", fragte ich. „Das geht nicht. Das darf ich nicht." „Wieso? Ist echt nett dort." „Ich bin schon froh, kein Kopftuch tragen zu müssen. Jetzt muss ich mich beeilen. Tschüss." Aisha schwang sich auf ihr Rad und fuhr davon. Ich wusste nicht so recht, wie ich mich fühlen sollte. Es war toll, dass ich Aisha getroffen hatte. Sie hatte sich die Klingel ans Rad gemacht. Dann mochte sie mich also. Aber es würde schwierig werden, sich irgendwie normal mit ihr zu treffen.

Nachmittags war ich wie immer mit Mehti verabredet. Er lehnte schon erwartungsvoll am Korb. „Und, wie läuft's?" „Wird ein schwieriges Spiel", antwortete ich rätselhaft und dribbelte mit dem Ball auf ihn zu. „Ich muss einen echt guten Plan aushecken. Sonst wird das nichts." „Und Aisha, was sagt sie?" „Komm, wirf den Ball rüber." Dann spielten wir. Etwas versessener als sonst.

„Weißt du eigentlich, auf was du dich da einlässt, Alex? Das ist kein Spiel." „Was meinst du?" „Wenn ihr Vater rauskriegt, dass ihr euch trefft, hetzt er wirklich ein paar

Schläger auf dich. Und wer weiß, was er mit Aisha anstellt." „Aber wir sind doch hier in Deutschland." „Scheiß drauf! Das kannst du denen ja erzählen, wenn sie dir die Fresse polieren." „Was soll ich denn machen?" „Mann, es gibt doch so viele andere Weiber." „Das verstehst du nicht."

In der folgenden Woche sah ich Aisha kaum noch. In der Schule gab es viel zu tun, und am Wochenende hatten wir mit der Basketball-Mannschaft ein Auswärtsspiel. Knapp verloren. Am Montagnachmittag hatte ich mich mit Mehti wieder am Korb verabredet. Völlig unerwartet tauchte Aishas Gesicht auf. „Hier bist du also immer", sagte sie. „Ich geh mal eben um die Ecke", murmelte Mehti und verschwand Richtung See.

„Hey, cool, dass du vorbeikommst", meinte ich. „Ich habe meiner Mutter erzählt, Leila und ich müssten Schulsachen kaufen." „Komm, wir holen uns ein Eis", schlug ich vor. „Super!" Wir gingen zu dem Kiosk am See und kauften uns zwei Eis. Ich hätte Aisha gerne eingeladen, hatte aber nicht genug

Geld mit. Aisha wollte nicht am Kiosk bleiben. Wahrscheinlich damit uns niemand zusammen sah. Deswegen liefen wir etwas in den Wald.

„Wollen wir nicht mal ins Kino gehen?“, traute ich mich zu sagen. „Das krieg ich nie erlaubt.“ „Seid ihr denn richtige Moslems?“ „Meine Eltern schon. Bei meiner großen Schwester waren sie auch total streng. Bei mir sind sie etwas offener. Aber mit einem Jungen dürfte ich nie weg. In der Schule sollen Leila und ich gegenseitig auf uns aufpassen.“ Wir hielten an. Ich weiß nicht, ob ich einen Sonnenstich hatte, jedenfalls überkam es mich dann einfach. „Du, Aisha“, sagte ich mit trockenen Lippen, „können wir uns nicht öfter treffen?“ Aisha nickte ganz leicht.

Immer nur Aisha in meinem Kopf. Die ganze Zeit. Sie würde heute wieder kommen. Ihrer Mutter wollte sie erzählen, dass sie bei Leila Hausaufgaben machen müsste. Was für ein Versteckspiel. Dann klopfte es. Ich rannte zur Tür, blieb stehen, sammelte mich und öffnete die Tür. Aisha war da. Ich hätte sie gerne umarmt, aber das traute ich mich nicht. Noch nicht. Wir gingen in mein Zimmer. „Hier sind ja überall Basketball-Poster." „Stimmt. Das ist zum Beispiel Michael Jordan. Der hat bei den Chicago Bulls gespielt und ist sechsmal Meister geworden. Er konnte irre hoch springen." Aisha setzte sich auf meine Matratze. „Gemütlich hier", sagte sie. Ganz kurz sah ich uns beide aus der Vogelperspektive. Aisha mit mir in meinem Zimmer. Das hätte ich mir selbst nicht geglaubt.

„Bei mir zu Hause könnte ich keine Poster aufhängen. Von David Beckham zum Beispiel. Meine Eltern mögen diesen ganzen westlichen Kram nicht. So ganz verstanden habe ich das nicht. Zum Beispiel waren sie noch nie in Amerika, und in Amerika wohnen ja auch ganz viele Moslems. Aber sie schimpfen immer auf Amerika. Den Arabern würde es viel besser gehen, und die Amerikaner würden die Moslems ausrotten wollen." Ich setzte mich neben Aisha. Aisha nahm meine Hand. „Du hast schöne Hände. Meine Großmutter konnte mir aus der Hand lesen. Diese Linie hier heißt Lebenslinie. Wenn sie lang ist, dann wird man alt." Es fühlte sich schön an, als Aisha meine Hände berührte. Wir schauten uns an. So nahe, dass man schielen muss. Dann küssten wir uns. Ihre Lippen waren genauso weich, wie ich es mir vorgestellt hatte. Aisha sprang auf. „Ich muss gehen. Bis bald.“ Da saß ich nun mit diesem Kuss auf meinen Lippen.

3.

Also für mich stand fest: Aisha und ich, wir gehörten zusammen. Aber wie sollte das weitergehen, wenn wir uns immer heimlich treffen müssten? Erstmal egal. Als ich Mehti am nächsten Tag sah, wusste er sofort Bescheid. „Wenn euch jemand sieht …", meinte er nur unheilvoll. In der Schule taten Aisha und ich dann so, als würden wir uns nicht kennen. So was ist total ätzend. Eine Woche später klappte es dann wieder. Aisha kam vorbei. Diesmal küssten wir uns die ganze Zeit. Danach fühlte ich mich ziemlich high. Ich merkte aber auch, dass ich mit Aisha gerne gemeinsam Dinge unternehmen würde. Ins Kino gehen oder am Lagerfeuer sitzen. Oder dass sie zu den Basketballspielen mitkommt. Man kann sich ja nicht kennen lernen, wenn man einfach im Zimmer sitzt.

Wir trafen uns dann einige Wochen. Es war sehr schön, aber auch komisch, weil wir uns immer heimlich sehen mussten. Direkt vor den Herbstferien flogen wir dann auf. Aishas Mutter fand, dass ihre Tochter immer so glücklich aussehen würde. Aisha ist bestimmt verliebt, dachte sie bei sich. Ihr Bruder beobachtete Aisha heimlich und sah, dass sie mich besuchte. Dann kam es, wie Mehti gesagt hatte. Über Aisha zog ein Riesendonnerwetter hinweg. Wir konnten uns in den Herbstferien nicht mehr sehen. Sie war quasi unter Dauerüberwachung. Und ab jetzt musste Aisha ein Kopftuch tragen.

Ich hatte mir vorher eigentlich nie Gedanken über Kopftücher gemacht. Es gab Mädchen mit und ohne. Meistens suchten sich das die Mädchen nicht aus, genauso wenig wie die katholischen Kinder die Kommunion. Es gehört einfach zum Erwachsenwerden. Die Mädchen mit Kopftuch blieben in der Schule oft unter sich. Wir redeten kaum mit ihnen. Sie kamen nicht mit auf Klassenfahrten, ins Schwimmbad oder in die Disco. Das waren die Orte, wo wir Jungs mit Mädchen einigermaßen ungestört reden konnten. Deswegen gab es für mich Mädchen mit Kopftuch eigentlich nicht. Mit Leila zum Beispiel hatte ich noch nie ein Wort gesprochen. Nicht weil sie doof wäre. Sie war einfach nicht da, wenn man mal in Ruhe quatschen konnte. Nun hatte Aisha ein Kopftuch. Kopftuch und Sich-nicht-sehen-dürfen waren für mich genau das Gleiche.

Nach den Herbstferien stand Mehti auf dem Schulhof neben mir. „Jetzt hast du's aber gründlich versaut. Hab ich dir doch gesagt."

„Lass mich bloß in Ruhe. Was soll ich denn jetzt machen?" Aisha und Leila standen mit ihren Kopftüchern an der blauen Bank. Aishas Gesicht sah traurig und eingesperrt aus. ‚Warum', hämmerte es in meinem Kopf. „Warum gibt es denn Kopftücher?", fragte ich Mehti. „Du fragst Sachen. Keine Ahnung. Ich kann ja mal meine Mutter fragen."

Nach der Schule ging ich mit zu Mehti. Seine Mutter ist in Deutschland geboren und mit einem Türken verheiratet. Ich erzählte kurz, worum es ging. Dann fragte ich sie, warum Frauen Kopftücher tragen. „Da habt ihr euch ja ein Thema ausgesucht. Kopftücher tragen Frauen aus ganz unterschiedlichen Gründen. Meine Mutter hat zum Beispiel oft ein Kopftuch getragen, weil auf dem Acker die Sonne so auf den Kopf brannte." „Aber Kopftücher tragen doch meistens Moslems, oder?", fragte ich. „Nein, gar nicht. In Europa haben sich zum Beispiel Prinzessinnen verschleiert. Und es gibt moslemische Frauen mit und ohne Kopftuch. Zum Beispiel unsere Nachbarn aus Bosnien. Das sind auch Moslems. Da trägt die Frau kein Kopftuch."

„Aber das mit den Kopftüchern steht doch im Koran, hat Paps gesagt", meinte Mehti. „Ja ja, dein Vater und der Koran. Da nimmt er sich immer raus, was ihm passt. Im Koran steht zum Schleier jedenfalls wenig drin. Bei den Moslems wurde vor vielen hundert Jahren aus dem Koran eine Art von Gesetzbuch abgeleitet, die Scharia. Dort steht, dass heiratsfähige Frauen sich verschleiern sollen, wenn sie fremde Männer treffen. Teilweise werden schon Mädchen mit 12 Jahren verschleiert." „Stimmt es, dass die dann auch so jung heiraten?" „In einigen Ländern schon." Ich war entsetzt.

„In der Scharia ist die Frau nicht gleichberechtigt in unserem Sinn. Im Koran selbst wird die Frau eigentlich einigermaßen gleichwertig gesehen. Das ist vielleicht ein bisschen so, wie es bei uns im Mittelalter war. Da hat die Kirche aus der Bibel auch alle möglichen Gesetze abgeleitet, bis hin zur Hexenverbrennung. Das ist aber Sache der Kirche und steht nicht in der Bibel.

Wenn heute islamische Frauen Kopftücher in Deutschland anziehen, dann tun sie das aus vielen Gründen. Wenn sie sich wirklich selbst dazu entscheiden, dann machen sie das aus einer religiösen Überzeugung. Diesen Frauen kann man in die Augen schauen und sieht, dass sie stolz sind. Die anderen sind verschüchtert. Sie haben das Kopftuch von ihren Eltern oder Männern aufgezwungen bekommen und sie leben nach uralten Moralvorstellungen, bei denen Frauen weniger wert sind als Männer."

Bei Aisha wusste ich, dass es nicht ihre Entscheidung war, ein Kopftuch zu tragen. Kopftuch tragen, sich nicht sehen dürfen, blöde Eltern. Das war bei mir irgendwie alles zusammen. Ich hatte verstanden, dass der Islam nicht einfach daran schuld ist. Die Religion wird von Menschen interpretiert, dem Papst zum Beispiel. Und nach dieser Interpretation leben dann Leute wie Aishas Eltern.

4.

Ich dachte, dass die Katastrophe schon da war. Aber die eigentlichen Probleme sollten erst noch kommen. Und zwar in Form von Herrn Nollendorf. Herr Nollendorf war unser Klassenlehrer, ein ziemlich kleiner und untersetzter Mann mit unerträglichem Mundgeruch. Als er am nächsten Tag Aisha mit ihrem Kopftuch sah, fackelte er nicht lange. Er fixierte sie kurz und machte eine seiner berüchtigten „Ansagen“. Das waren so etwas wie Befehle, denen man nicht widersprechen durfte: „Achtung Ansage: Das Tragen eines Kopftuchs im Unterricht ist bei mir ab sofort nicht mehr erlaubt. Bei Leila habe ich schon immer ein Auge zugedrückt. Aber jetzt ist Schluss. Wir sind hier doch nicht in Arabien. Morgen kommt hier niemand mehr mit Kopftuch durch die Klassentür.“

Im Raum war es völlig still. Was würde jetzt geschehen? Wie üblich, erstmal nichts. „Jetzt bitte die Arbeitsblätter von gestern rausholen. Wir gehen die Hausaufgaben durch“, sagte er. An den Gesichtern konnte man sehen, dass seine Ansage nicht spurlos an uns vorübergehen würde. Ich konnte richtiggehend fühlen, dass es Probleme geben würde. In meiner Klasse waren mehr Ausländer als Deutsche. Moslems sind es vielleicht neun, also Schüler, die aus einem moslemischen Elternhaus stammen. Dann noch mal zehn aus Osteuropa und acht so richtig Deutsche.

Eigentlich sind die Moslems bei uns gar nicht so richtige Moslems, genau wie die Christen nicht so richtige Christen sind. Ich meine damit, dass sie zwar die großen Ereignisse wie Taufe, Kommunion oder Konfirmation mitmachen. Aber sie leben nicht christlich. Sie schlagen sich auf dem Schulhof, versuchen die Lehrer auszutricksen und stellen den Mädels nach. Alle machen das. Zwei oder drei sind eine Ausnahme. Leila trägt ein Kopftuch, und Kevin geht zum Kirchentag. Uns anderen ist das mit der Religion egal.

Mit dem Satz von Herrn Nollendorf wurde die Religion auf einmal wichtig. Direkt nach der Stunde teilte sich unsere Klasse in zwei Fraktionen. Die einen fanden, dass sich

Herr Nollendorf nicht einmischen sollte. Das waren die Kopftuch-Befürworter. Die anderen fanden, dass Religion in der Schule nichts zu suchen hätte. Das waren die Kopftuch-Gegner. Erstmal war das eher so ein lockerer Verbund von Gleichgesinnten. Das würde sich in den nächsten zwei Wochen aber noch ändern. Ich war natürlich gegen das Kopftuch. Denn ich wollte meine Aisha wiederhaben.

Nachmittags traf ich mich wie immer mit Mehti. Erst warfen wir ein paar Körbe. Dann fing Mehti an zu reden: „Mein Vater und Aishas Vater haben sich getroffen. Wegen der Kopftuchgeschichte. Die beiden haben sich schwer aufgeregt. Von wegen Religionsfreiheit und so weiter. Die wollen einen richtigen Aufstand machen. Irgendwie haben die doch auch Recht. Das geht den Nollendorf doch nichts an.“ „Was heißt hier Religionsfreiheit. Aisha soll mich einfach nicht mehr sehen, weil ich kein Moslem bin“, sagte ich wütend. Mehti sagte nichts dazu. Er war nicht einverstanden. Wahrscheinlich einfach, weil

Aisha inzwischen wichtiger für mich war als das Basketballspielen.

Als ich am nächsten Morgen auf dem Schulhof ankam, beobachtete mich Yilmaz. Yilmaz war aus der Elf. Er hatte schwarze Haare, etwas Flaum auf der Oberlippe, große, dunkle Augen und war immer obercool. Normalerweise waren die meisten Menschen einfach Luft für ihn. Wenn er jemanden beobachtete, war das kein gutes Zeichen. Also hielt ich meine Augen offen. Als ich vom Rad abstieg, waren auf einmal drei Kumpels von Yilmaz neben mir und rückten mir ziemlich auf die Pelle. „Hör uns mal genau zu, Alex. Wenn du dich in deiner Klasse auf die falsche Seite stellst, gibt's richtig Ärger. Wir lassen dich in Ruhe, wenn du keinen Blödsinn machst. Sonst kannst du deine Knochen vom Chirurgen zusammenflicken lassen."

Mir wurde ziemlich mulmig. Es war noch nichts passiert, aber es würde wohl mit harten Bandagen gekämpft werden. Das war kein gutes Zeichen. Ich ging mit meiner bösen Vorahnung in den Klassenraum. Aisha und Leila saßen nebeneinander und hatten beide ihre Kopftücher auf. Mussten sie doch. Wegen ihrer Eltern oder vielleicht auch wegen ihrer Religion. Um sie herum hatte sich so eine Art Kopftuch-Fraktion gebildet. Nollendorf kam in die Klasse, schaute nur kurz von seinem Tisch auf. Dann brüllte er in Richtung Aisha und Leila: „Ihr beiden. Raus hier!“ Aisha und Leila zuckten zusammen, packten ihren Kram und schlichen aus dem Klassenzimmer.

Wir anderen dachten, das wäre es dann erstmal. War es aber nicht. Herr Nollendorf las mit uns „Dr. Jekyll und Mr. Hyde“, als durch die offenen Fenster ein ziemlich lautes Klirren vom Parkplatz zu hören war. Wir sahen den Hausmeister auf den Parkplatz eilen und laut schimpfen. Einige Minuten später kam er in die Klasse und bat Herrn Nollendorf nach draußen. Jemand hatte ihm die Windschutzscheibe zertrümmert. Auf dem Sitz lag ein Zettel in arabischer Schrift. Herr Nollendorf platzte vor Wut und schrie cholerisch auf dem Parkplatz herum. Dann kam er in die Klasse gerannt und rief: „Dafür werdet ihr mir büßen. Damit habt ihr euch keinen

Gefallen getan.“ Dann rannte er wieder raus und zerrte Aisha und Leila, die immer noch vor der Klassentür standen, in Richtung Direktor.

Wir schauten uns an und wussten alle, dass wir keine schöne Zeit vor uns haben würden. In der Pause teilte sich die Klasse in Befürworter und Gegner auf. Es gab einen richtigen Graben in der Mitte des Schulhofs. Ich war auf der Seite der Kopftuchgegner. Aber ich fühlte mich nicht sonderlich wohl auf dieser Seite. Es war besser, als es beide Seiten noch nicht gab.

Dann begann das gegenseitige Aufrüsten. Am nächsten Morgen wollte ich mit Leila reden. Vielleicht hatte sie eine Nachricht von Aisha. „Hey Leila“, rief ich, als ich sie sah. Blitzartig tauchten hinter ihr zwei Typen auf. Sie stellten sich wie Bodyguards vor sie und meinten zu mir: „Was willst du?“ „Mit Leila reden.“ „Zieh Leine. Unsere Mädchen reden nicht gern mit euch.“ „Spinnt ihr, oder was?“ „Pass auf, was du sagst.“ Ich entschied mich für einen Rückzug. Damit hatte ich nicht gerechnet. Völlig abgedreht, aber die Mädchen mit den Kopftüchern wurden von den älteren Jungen eskortiert. Auch Aisha, stellte ich später fest.

In der Pause kamen die Eltern von Aisha und Leila in die Schule. Kevin konnte das ziemlich laute Gespräch beim Direktor mithören. „Die haben mächtig aufgedreht“, erzählte er. „Recht auf Ausübung der Religionsfreiheit und so. Müller-Kampfen hatte sich informiert und versprochen, dass hier selbstverständlich jeder seine Religion ausüben kann.“ „Der hat gut reden. Wir müssen den Mist doch ausbaden“, sagte ich. „Und die Mädels natürlich.“ Herr Nollendorf hatte jedenfalls verloren. Trotzdem hatte er keine Probleme. Die hatten wir.

Als ich nach Hause fahren wollte, war mein Rad platt. Mist. Als ich mir die Sache genauer ansehen wollte, rempelte mich jemand von hinten an. Ich fiel auf den Boden. „Idiot“, rief ich, „pass doch auf.“ Yilmaz stand vor mir. „Maul halten. Klar?! Viel Spaß beim Schieben.“ Es wurde immer lustiger. Als ich mein Rad nach Hause schob, bekam ich richtige

Angst. Morgen würde ich wieder in die Schule gehen müssen. Und Yilmaz oder einer seiner Kumpel würde wieder da stehen. Sie konnten mir nach Hause folgen und mich verprügeln. In meinem Kopf senkte sich eine dunkle Wolke und drückte auf meine Stimmung.

Der Nachmittag war wie zäher Schleim. Ich ging zum Basketballkorb und hoffte, Mehti würde kommen. Mehti kam nicht. Alleine auf den Korb werfen. Auf unseren Korb. In meinem Kopf wurde es immer düsterer.

Als ich am nächsten Morgen aufstand, wollte ich nicht in die Schule. Wer Recht hatte und wer nicht, wusste ich inzwischen nicht mehr. Ich war bei den Kopftuchgegnern, weil ich Aisha sehen wollte. Der Rest war mir nicht so wichtig. Aber Aisha konnte ich nicht mehr sehen, egal auf welcher Seite ich war.

Yilmaz stand am Schultor. Als ich zum Fahrradständer fuhr, warf mir jemand einen Stein an den Kopf. Ich zuckte zusammen und fiel fast vom Rad. Yilmaz schlenderte langsam in die Schule. Warum gibt es diese Typen überhaupt?

Aisha kam nicht zum Schwimmen. So wie Leila und die anderen Mädchen mit Kopftuch. In der Pause stand sie mit Leila da und weinte. Ich weiß nicht warum, aber ich konnte es ahnen. In meinem Kopf fühlte es sich wie vor einem Gewitter an. Es zog sich zu, wurde immer dunkler. Das hält man nicht lange aus.

5.

Als ich nach Hause ging, fühlte ich wieder diese Bedrohung. Mehti war verärgert, Aisha war weg. Die Schule war ein Kriegsschauplatz. Irgendwie brach alles um mich herum zusammen. Schneller als ich es aushalten konnte. Ich konnte mich nirgends festhalten. Mein Vater kam abends betrunken nach Hause. Ich ging in mein Zimmer und setzte mir Kopfhörer auf. Dann machte ich das Licht aus und drehte den Regler bis zum Anschlag. Einfach nichts mehr anderes als den Schmerz in den Ohren.

Ich sah in die Schwärze. Ich hätte gerne geweint, aber es ging nicht. Aisha war weg. In diesem Zimmer hatten wir uns gesehen. Man hatte sie mir einfach weggenommen. Ohne Sinn. Die Sekunden vergingen immer langsamer, immer zermürbender. Mein Kopf dröhnte. Ich machte die Musik aus und zündete eine Kerze an. Die Musik klang noch genauso laut, obwohl alles still war. Ich hielt meine Hand über die Kerzenflamme, bis es wehtat. Ich haue mit Aisha einfach ab, kam in meinen Kopf. Erst war es einfach so ein kleiner Gedanke aus Wut oder Ohnmacht. Und er verschwand wieder. Aber er kam zurück. Und jedes Mal brannte er sich fester in meinen Kopf. „Ich haue mit Aisha ab! Egal was kommt. Ich halte das einfach nicht aus." Ich würde Aisha fragen. Sie musste einfach mitkommen!

Dann fing ich an zu überlegen. Wie könnte das funktionieren? Mir fiel meine Urgroßtante Amalia ein. Sie lebt in der französischen Eifel, in der Nähe der Ardennen. Dort würde man uns nicht so schnell finden. Und ich war sicher, Amalia würde uns einen Platz zum Übernachten geben. Sie war eine Eigenbrötlerin, die die Spießigkeit nicht gut ertragen konnte. Sie fand das bestimmt o.k., wenn wir unsere eigenen Wege gehen wollten. Und von dort aus konnten wir bestimmt etwas zum Jobben finden. Weinlese oder so. Allerdings war es nicht so einfach, zu Amalia zu kommen. Wir mussten mit dem Zug nach Trier fahren und dann irgendwie per Anhalter weiterkommen. Irgendwann wurde ich müde vor Anstrengung. Morgen würde ein neuer

Tag sein. Dann könnte ich alles besser machen.

Ob Aisha mitkommen würde? Ich wartete am Gemüseladen auf sie. Diesmal war sie in Begleitung von Leila. Als Aisha im Laden war, ging ich an Leila vorbei und gab ihr einen Brief. Eigentlich glaube ich nicht an Gott, aber in diesem Moment betete ich, dass Leila mich nicht an Aishas Eltern verraten würde.

Am nächsten Morgen lag nach der Pause ein Zettel in meinem Englischbuch, Aishas Antwort: „Lieber Alex. Zu Hause ist es ganz schlimm. Egal wohin, ich komme mit. Am nächsten Wochenende sind meine Eltern bei Verwandten. Das wäre eine gute Gelegenheit. Ich vermisse dich." Vor ein paar Wochen hätte ich mich bestimmt wahnsinnig über diese Zeilen gefreut. Jetzt spürte ich aber auch eine ziemliche Verantwortung. Das war kein Spiel. Es war gefährlich. Aber was sollten wir sonst machen?

Damit ein Gewitter ausbrechen kann, muss es Blitzen und Donnern. Sonst bleibt nur ein drückendes Gefühl. Ich musste also unsere

Flucht in Gang bringen. Das hieß insbesondere Geld besorgen. Geld für die Bahnfahrt, Essen und etwas Reserve. Das ließ mein Vater nicht einfach zu Hause herumliegen. Ich versuchte, meine Mutter zu einem Geburtstagsvorschuss zu bewegen. Völlig aussichtslos. Die Lösung hing schließlich an unserer Haustür: Unsere Nachbarn suchten zwei Leute, die beim Umzug halfen. Das bedeutete, dass ich Mehti wieder auf meine Seite kriegen musste.

Ich schwang mich auf mein Fahrrad und fuhr los. Sozusagen als Basis für einen guten Empfang holte ich von meinem letzten Rest Taschengeld eine Portion Helva. Das ist eine türkische Süßigkeit, nach der Mehti absolut süchtig ist. Wenn das nicht klappen würde, hatte ich ein Problem. Denn außer Mehti würde mir keiner sein Geld vorstrecken. Keine zehn Minuten später stand ich vor Mehtis Wohnblock. Irgendwo in der vierzehnten Reihe war sein Nachname. Ich klingelte und die Stimme seiner Mutter quäkte durch den Lautsprecher: „Hallo Alex, da wird sich

Mehti freuen." Da war ich mir nicht so sicher. Mehti saß in seinem Zimmer und schaute Fernsehen. Eine dieser dämlichen japanischen Zeichentrick-Serien. Er freute sich richtig, als ich kam: „Mensch, ohne Basketball verkomme ich hier zum Fettkloß." „Apropos Fett – wenn du magst, hier habe ich etwas Helva." „Machst du Scherze? Her mit dem Zeug …" Mehti kannte diesbezüglich keinen Spaß.

„Und was machst du jetzt so?" „Die Zeit vertrödeln." „Warum bist du denn so sauer auf mich?" „Weil du außer Aisha nichts mehr im Kopf hast." „So ein Blödsinn." „Und mein Vater hat gesagt, dass ich mich an Yilmaz und die anderen halten soll." „Machst du immer, was dein Vater sagt?" „Ich weiß auch nicht." „Freunde sind doch auch Freunde, wenn es die anderen vielleicht nicht wollen." „Ich habe Schiss vor Yilmaz und seinen Schlägern."

Dann sagten wir nichts mehr. Aus dem Fernseher kam das Piepsen und Fiepen der Mangas. Und irgendwie passierte etwas, während wir einfach still waren. Kann ich nicht gut erklären. Auf einmal grinste Mehti wieder. Und ich dann auch. „Also rück schon raus. Was willst du?“ „Einen kleinen Gefallen.“ „Also Lebensgefahr.“ „Ich will mit Aisha abhauen und brauche Geld.“ Ich sah, wie Mehti innerlich zusammenzuckte. „Wenn irgendjemand rauskriegt, dass ich dir helfe, dann grillen mich die großen Brüder von Yilmaz und servieren mich als Döner.“

Ich hob meine Hand: „Morgen ist Umzugstag bei unseren Nachbarn. Die brauchen zwei starke Männer wie uns. Und ich brauche die Kohle.“ Mehti schlug ein. „Wo wollt ihr denn hin?“ „Zu meiner Großtante nach Frankreich.“ Morgen würde mir Mehti helfen. Wahrscheinlich hatte ihn einfach das Helva überzeugt. Vielleicht war er aber auch ein echter Freund.

Am nächsten Morgen stand Mehti um sieben Uhr vor meiner Tür. Wir waren erst um acht Uhr abends fertig. Das Geld würde reichen. Ich versprach ihm, dass er seinen Anteil in den nächsten Monaten bekommen würde. Er wünschte mir viel Glück und mit einem Augenzwinkern auch viel Spaß. Mehti würde immer mein bester Freund sein, egal auf welcher Seite er stehen würde.

Am Sonntag ging ich zum Bahnhof und erkundigte mich nach Bahnverbindungen. Noch fünf Tage, dachte ich bei mir, dann würde ich Aisha endlich wieder sehen. Als ich nach Hause kam, war mein Vater da. Er saß am Küchentisch und trank Bier. Das machte er manchmal, mittags Bier trinken. Dann stank die ganze Wohnung nach Alkohol und mein Vater lachte albern herum. Oft kippte seine Stimmung auch plötzlich und er verprügelte mich. Dann rannte ich aus der Wohnung und wartete, bis er wieder nüchtern war. Früher schlug er meine Mutter oder zündete das Sofa an. Wir haben inzwischen kein Sofa mehr und meine Mutter ist auch weg. Nur ich bin noch da geblieben. Ich würde jetzt auch gehen, aber mit Aisha.

Als ich wieder in die Schule ging, hatte ich einen konkreten Plan. Schon während ich auf den Schulhof lief, konnte ich die Spannung in der Luft knistern hören. Man konnte die Bedrohung fast greifen. In der Pause hörten wir dann einen Schrei. Fünf Typen, die ich noch nie an unserer Schule gesehen hatte, hatten Fatima in die Zange genommen, ein Mädchen aus der Achten. Zwei Freundinnen von ihr standen dabei und trommelten mit ihren Fäusten etwas hilflos auf den Typen herum. Die merkten das durch ihre Fliegerjacken wahrscheinlich noch nicht mal.

Ziemlich aufgebracht rannte ich hin. „Warum nehmt ihr euch nicht mich vor?", schrie ich, „sie hat doch gar nichts damit zu tun!" Sie ignorierten mich. Einer riss dann Fatima mit einem rabiaten Ruck das Kopftuch herunter. Fatima schrie laut auf. Sie blutete am Kopf. „Du kommst auch noch dran", blaffte der eine mich an. Dann kam endlich auch die Aufsicht. Wie immer zu spät. Die Typen schwangen sich auf ihre Fahrräder und machten sich aus dem Staub. Wir brachten Fatima ins Sekretariat, damit sie verarztet werden konnte.

Was soll man da machen? Ich glaube, wir haben alle gespürt, dass etwas in Gang gekommen war, was niemand von uns kontrollieren konnte.

Die Rache würde natürlich nicht lange auf sich warten lassen. Warum es Kevin erwischt hatte, kann wahrscheinlich niemand so genau sagen. Kevin hatte sich zwar auf die Seite der Kopftuchgegner gestellt, aber sich ziemlich zurückgehalten. Er ist jedoch ein bekennender Christ und geht auf den Kirchentag und so was. Wir spielten Fußball, als wir aus der Toilette ein lautes Geschrei hörten.
„Lasst mich los, ihr Schweine", schrie Kevin.
„Halt's Maul", antwortete jemand. Markus kam aus der Toilette gerannt.
„Die schneiden ihm den Pimmel ab!", rief er.

Wir rannten rein. Kevins Hosen waren unten und Yilmaz hielt ihn fest. Einer seiner Kumpel stand mit einem Messer vor Kevin: „Jetzt bist du dran." Wir waren aber einfach mehr. Als sie uns sahen, rannten sie uns um und aus der Toilette raus. „Als ich beim Pinkeln war, sind sie über die Klotür geklettert", sagte Kevin, während er seine Hose hochzog. „Die machen wir fertig", sagte Robert, der sonst recht still war.
Ich hatte viel zu tun, um unsere Flucht

vorzubereiten. Reiseroute, Landkarten, Fahrpläne und so weiter. Das war gut. Sonst wäre ich bestimmt durchgedreht. Ich glaube, inzwischen war es den meisten wirklich egal, wer wann welches Tuch auf seinem Kopf trug. Aber aus seiner Clique konnte man nicht mehr raus. Sie war der einzige Schutz, den man hatte.

Ich wunderte mich die ganze Zeit, warum ich selbst eigentlich so ungeschoren davonkam. Alle wussten inzwischen, dass Aisha wegen mir das Kopftuch tragen musste. Am Donnerstag konnte ich dann aufhören, mich zu wundern. Ich ging zum TSC und zog mich mit den anderen zum Basketball um. Wir trainierten ganz normal und gingen dann in die Umkleide zurück. Dort stank es total nach Bier.

Wie beim Sport üblich gibt es bei uns völliges Alkoholverbot. Sonst fliegt man raus. Unser Trainer bekam einen Anfall und brüllte rum, wer hier besoffen zum Training kommen würde. Niemand sagte etwas. „Na gut, dann eben Taschenkontrolle." Das ging recht schnell. Es war meine Tasche, die so

nach Bier stank. Zehn Meter gegen den Wind. Irgendein Arsch hatte eine Flasche Bier drübergekippt und ein Sixpack reingelegt. Ich versuchte noch, mich zu verteidigen, aber es war zu offensichtlich.
„Ich habe nichts getrunken.“ „Du kannst mich doch nicht verarschen“, schrie unser Trainer, „du bist raus. Keine Diskussion.“

Am nächsten Morgen hatten wir Sozialkunde bei Herrn Jancek. Er räusperte sich und sagte dann: „Wir haben gestern in der Konferenz beschlossen, dass wir das Thema ‚Islam’ in den einzelnen Klassen aufgreifen wollen.“
Wir stöhnten alle. „So geht das doch hier nicht weiter“, setzte Jancek an. Kevin brüllte wütend: „Das sind alles Schweine.“ Das war wie ein Startzeichen.

Stifte und Bücher flogen durch die Gegend, die Tische wurden umgeworfen und Kevin prügelte sich mit Erkan. Herr Jancek stand hilflos vorne. Dann rannte er aus der Klasse und kam mit Herrn Müller-Kampfen zurück, unserem Direktor. Vor unserem Direktor hatten alle Angst. „Jetzt ist sofort Ruhe“, schrie er. Und dann war auch Ruhe. Alle setzten sich wieder auf ihre Plätze. „Seid ihr eigentlich total durchgedreht? Damit das klar ist: Hier geht es ums Lernen! Nicht um den Streit der Weltreligionen. Wenn ich noch einmal was von jemandem höre, wird das Konsequenzen haben.“

Alle schauten betreten nach unten. Aber innerlich hatte niemand seinen Blick gesenkt. Alle wussten, dass Herr Müller-Kampfen mit seinem Donnerwetter gleich wieder hinter der Türe verschwinden würde. Dann war jeder wieder alleine. Genauso wie auf dem Heimweg. Würde Herr Müller-Kampfen irgendjemand von uns beschützen? Jeder musste seinen eigenen Kampf durchstehen. Herr Müller-Kampfen war nur Direktor. Er stieg nach der Schule in seinen dicken Benz und fuhr gut gefedert nach Hause. Das war's.
Ich war froh, heute Nachmittag in den Zug Richtung Frankreich steigen zu können. Dann konnte ich Aisha endlich wieder sehen.

Ich fuhr nach Hause, legte einen Zettel auf den Tisch und ging zum Bahnhof. Als ich ankam, blieben gerade noch fünf Minuten, bis der Zug losfuhr. Ich sah Aisha mit Leila nervös am Bahnsteig stehen. Aisha rief mir entgegen: „Ich dachte schon, du schaffst es nicht.“ Schnell sprangen wir in den Zug. Die Türen gingen zu und der Zug fuhr los. Wir setzten uns in ein Abteil und mussten erstmal nach Luft ringen. Aber dann begannen wir zu lachen. Die ganze Angst fiel von uns ab.

Wir freuten uns, dass wir es geschafft hatten. Und wir hatten über zwei Stunden Zeit bis nach Trier. Da konnten wir uns erstmal erzählen, was in den vergangenen Wochen alles bei uns zu Hause passiert war. Das war eine ganze Menge.

6.

Aisha erzählte, wie ihr Vater ausgerastet war. „Sein Gesicht wurde ganz düster, als meine Mutter es ihm erzählte. Dann begann er zu schreien, dass er keine Hure in seiner Familie dulden würde. Ich bin in mein Zimmer gegangen und habe mir die Ohren zugehalten. Mein Vater hat dann mit seinem Bruder in der Türkei telefoniert. Was jetzt zu tun wäre. So kam die Entscheidung mit dem Kopftuch. Seitdem bin ich unter Dauerbewachung. Niemand fragt mich. Diese und jene Leute werden um Rat gebeten, was mit der missratenen Tochter zu tun sei. Was ich will, spielt gar keine Rolle. Ich habe das Gefühl, mir wird die Luft abgedrückt."

Ich wusste gar nicht, was ich sagen sollte. Ich fühlte mich zu klein, um das Verhalten von Aishas Eltern zu verstehen. „Und ich habe große Angst bekommen", fuhr Aisha fort. „Meine Schwester hat auch versucht, sich gegen den für sie vorgezeichneten Weg zu stellen. Sie ist fünf Jahre älter und als wir noch in der Türkei waren, wollte sie einen Heiratskandidaten nicht sehen, den mein

Onkel für sie ausgesucht hatte. Mein Vater hat sie damals mit einem Holzstock windelweich geprügelt. Den Holzstock hat er mit nach Deutschland gebracht und in unseren Flur gehängt."

Aisha war wirklich nicht besonders schüchtern. Aber jetzt liefen ihr Tränen übers Gesicht. Lachen und Weinen waren nicht weit auseinander. „Dann wurde es höchste Zeit, dass wir weg sind." Ich nahm sie in den Arm und tröstete sie. Der Zug schaukelte hin und her. Aisha schlief ein, wachte nur kurz auf, als der Schaffner unsere Fahrkarten abstempelte. Ich freute mich sehr, dass Aisha an meiner Seite war. Es kam mir auch großartig und wahnsinnig erwachsen vor, dass wir alleine unterwegs waren. Im Hinterkopf spürte ich aber schon die Fragen, wie das Ganze ausgehen würde. Die Zeit stellt mir immer Fragen und gibt keine Antworten.

Es war dunkel, als wir in Trier ankamen. Wir stiegen aus und hatten Hunger. Am Bahnhof kauften wir uns eine Portion Pommes Frites. „Wie weit ist es zu deiner Tante?", fragte

Aisha. „Das ist noch ein ganzes Stück. Da kommt man mit dem Zug nicht gut hin. Wir müssen morgen trampen. Für heute Nacht habe ich ein Zimmer reserviert. Die Pension ist gleich hier in der Nähe“, sagte ich. Wir gingen zwei Straßen weiter und sahen ein kleines Haus. Als wir an der Rezeption standen, musterte uns der Angestellte. Ich bekam etwas Sorge, dass er uns kein Zimmer geben würde. Aber ich hatte schließlich reserviert und als ich das Geld auf den Tisch legte, war er zufrieden. Es war ein Doppelzimmer. Aisha und ich hatten noch nicht zusammen in einem Zimmer geschlafen.

Es war ein sehr kleines Zimmer. Aber wir würden nur eine Nacht bleiben. Als wir im Zimmer waren, zog Aisha ihr Kopftuch aus. „Willst du dein Kopftuch denn weiter tragen?“, fragte ich sie. Aisha schaute nachdenklich. „Ich trage es jetzt seit zwei Wochen. Wenn ich es nicht mehr trage, komme ich mir nackt vor. Ich weiß noch nicht.“ Wir wollten weg von allem, aber es war schon lange in uns. Als ich Aisha umarmte, begann sie zu weinen.

Ich spürte, dass sie große Angst hatte, wieder zurück zu müssen. Schließlich küssten und streichelten wir uns. Irgendwann schliefen wir ein. Es war ein schwerer, traumloser Schlaf.

Als ich am Morgen aufwachte, fühlte sich mein Körper völlig verdreht an. Wir hatten in unseren Kleidern auf der Bettdecke gelegen. Zuerst wusste ich nicht, wo ich war. Erst nach einigen Minuten verstand ich, was am Tag vorher geschehen war. Ich sah Aisha an. Sie sah schön aus, wenn sie schlief. Alles wirkte so friedlich. Aber wir waren Flüchtlinge.

Ich weckte Aisha vorsichtig: „Wir müssen los!“ Skeptisch sah ich zu, wie sie ihr Kopftuch anzog. Wir frühstückten schnell und stellten uns dann an eine der großen Straßen. Auf ein Stück Karton hatte ich den Ortsnamen „Thionville“ geschrieben. Nach einer Weile setzten wir uns auf einen Stein und lehnten uns aneinander. Eine halbe Stunde später hielt ein Auto mit französischem Nummernschild an. „Ihr habt Glück“, rief uns der Mann aus dem Auto zu. Wir stiegen ein und kamen nach ein paar Stunden in Thionville an.

Am Ortsrand stand ein einsames Haus. Das musste es sein. Die Sonne ging bereits unter und aus dem Haus leuchtete ein warmes Licht. Gerade als ich klingeln wollte, öffnete Amalia in einem Gewand aus bunten Tüchern die Tür: „Hallo Alex", sagte sie und umarmte mich, „und du musst seine Freundin sein", meinte sie an Aisha gerichtet. „Kommt rein." Wir waren ziemlich überrumpelt, weil sie uns schon erwartet hatte und gar nicht überrascht wirkte. Amalia war über siebzig und erinnerte mich immer an eine Wahrsagerin. Auf jeden Fall fühlte man sich bei ihr sicher. Als wir in ihr Haus hineingingen, war es, als würde man ein Stück aus der Wirklichkeit herausrutschen. Überall waren Bilder und Stofftiere. Große Tücher wallten von den Decken. Eigenartige Pflanzen rankten sich die Fenster entlang. Die Wände waren bunt gestrichen und fünf oder sechs Katzen liefen und sprangen umher.

„Dein Vater hat schon angerufen. Die Polizei war bei ihm, weil Aishas Eltern eine Entführung gemeldet hatten." Aisha zuckte zusammen. „Setzt euch erstmal“, beruhigte uns Amalia. „Was ist denn passiert?“ Ich konnte sehen, wie Aishas Kinn anfing zu zittern. Gleich würde sie weinen. Dann entdeckte ich aber auch eine Zornesfalte, die unter dem Kopftuch hervorkam. „Das ist mein Leben!“, rief sie wütend. Amalia nahm ihre Hand. „Und das wird es auch immer bleiben!“ Ich versuchte zu erklären: „Aishas Eltern wollen nicht, dass wir uns sehen.“ „Scheint eine längere Geschichte zu sein. So etwas kann man am besten beim Essen besprechen.“ Amalia zauberte in Windeseile einen appetitlichen Abendbrottisch. Wir fingen an zu essen und merkten, dass wir ruhiger wurden.

„Erzählt doch mal“, meinte Amalia nach einer Weile, „warum sollt ihr euch denn nicht mehr sehen? Hast du dich nicht ordentlich benommen, Alex?“ „Mit Alex hat das gar nichts zu tun“, antwortete Aisha. „Meine Eltern sind Moslems und sie wollen, dass ich auch wie eine Muslimin lebe und dass ich keinen Jungen mit einer anderen Religion sehe. Alles dreht sich inzwischen um Religion.“

„Und du, was willst du?“, fragte Amalia. „Vielleicht einfach, dass ich selbst über mein Leben entscheide. Ich bin nie besonders religiös gewesen. Ich möchte studieren und mein eigenes Leben leben. Vielleicht ist es gar nichts Besonderes. Einen Jungen kennen lernen, zur Uni gehen, vielleicht auch eine Familie.“ „Ich kann dich gut verstehen“, sagte Amalia, „in meiner Generation konnten Frauen oft nicht das machen, was sie wollten. Ich wollte zum Beispiel so gerne studieren. Aber es gab nur Geld für eins von uns Kindern. Und es war immer klar, dass der einzige Sohn studieren wird. Erst als ich vierzig war, bin ich dann doch zur Uni gegangen. Man darf seine Träume nicht aufgeben!“ Aisha schaute immer noch voller Wut auf den Tisch. Schon bevor sie zustimmte, nach Frankreich mitzukommen, hatte ich bemerkt, dass sie einen sehr starken Willen haben musste. Jetzt sah ich auch, wie ernst es ihr war.

7.

„Dein Vater weiß im Moment nicht, dass ihr beiden hier seid“, meinte Amalia. „Ich kann ja noch etwas warten, bis ich es ihm sage. Nehmt euch doch eine kleine Auszeit. Morgen sehen wir weiter.“ Wir waren erleichtert. „Wenn ihr Lust habt, könnt ihr ja mal vom Kuchen probieren“, bot uns Amalia an, „habe ich gestern frisch gebacken.“ „Hört sich super an!“ Wir setzten uns ins Wohnzimmer und Amalia servierte einen leckeren Schokoladenkuchen.

„Wie hat das alles eigentlich angefangen?“, fragte Amalia. „Aisha und ich sind jetzt über drei Monate zusammen. Vor den Herbstferien hat uns Aishas Bruder entdeckt.“ „Als wäre ich die einzige Türkin, die einen deutschen Freund hat“, meinte Aisha. „Meine Familie ist jedenfalls völlig ausgerastet. „Das kommt wirklich nicht so häufig vor“, meinte Amalia nachdenklich. „Was ist denn daran so schlimm, mit jemandem aus einer anderen Kultur zusammen zu sein?“, fragte ich Amalia. „Viele Menschen bleiben gerne unter sich“, sagte sie. „Man spricht die gleiche Sprache, hat gelernt, wie man sich zu verhalten hat ..." „Aber dann kommt ja nie etwas Neues in die Welt!", rief Aisha.

„Manchmal gibt es ja Leute wie euch. Denen ist das nicht so wichtig mit der Tradition. Die schauen mehr, was gerade im Moment zwischen ihnen passiert." „Die anderen versuchen aber, das zu verhindern", warf ich ein. „Das stimmt. Für viele ist es bedrohlich, wenn Traditionen nicht mehr gültig sind. Dann weiß man plötzlich nicht mehr ganz genau, was gut und was schlecht ist ... aber genug für heute Abend", unterbrach Amalia sich selbst, „morgen ist auch noch ein Tag. Ich zeige euch euer Zimmer."

Amalia führte uns auf den Dachboden und ließ uns dann alleine. Wir zogen uns um. Als Aisha ihr Kopftuch auszog, konnte ich sehen, wie eigenartig sie sich fühlte. In ihrem Schlafpulli wirkte sie ganz weich, fast schon zerbrechlich. Wir krochen beide unter unsere Decken, machten das Licht aus und hielten unsere Hände. Aishas Hand war kalt vor Angst. „Ich bin froh, dass wir hier sind", versuchte ich sie abzulenken. „Ich habe furchtbare Angst. Mein Vater wird mich verheiraten oder in die Türkei schicken, wenn ich nach Hause gehe. Ich habe schon mal von Familien gehört, die ihre eigene Tochter umgebracht haben, weil sie angeblich ein Schandfleck in der Familie war."

Aisha hatte sehr viel Mut. Das mochte ich auch so sehr an ihr. Den Mut brauchte sie, damit sie ihre Angst aushalten konnte. „Meinst du, es war ein Fehler, dass wir abgehauen sind?", fragte ich. „Ich bin echt froh, von zu Hause weg zu sein, aber ich habe gar nicht darüber nachgedacht, was wohl danach kommen wird. Und das macht mir Angst." „Was sollen wir denn tun?" „Ich weiß nicht. Weit wegrennen." „So weit können wir gar nicht rennen. Du kennst meine Familie nicht", meinte Aisha. „Die rasten aus. Meine Onkel und Cousins. Wenn ich zurückgehe, dann kann ich mich auch gleich aufhängen."

Ich hatte diese Geschichten gelesen. Dass Väter ihre Töchter umbrachten, weil sie ein uneheliches Kind hatten. Dass Brüder ihre

Schwestern töteten, um die Familienehre zu retten. Oder Mütter ihre Töchter an Killer verraten haben, wenn sie fremdgehen. Aber das waren verrückte Fanatiker. Auf einmal war das ganz nah. Wir konnten nicht mehr zurück. Die Gedanken an die Zukunft machten mich müde. Irgendwann schliefen wir ein.

Die Sonne schien durch die Dachluke und weckte mich. Aisha war nicht mehr da. Ob sie schon lange aufgestanden war? Ich hatte sie nicht gehört. Rasch schlüpfte ich in meine Sachen und ging nach unten. Mir kam ein unwiderstehlicher Duft aus Rühreiern und Schinken entgegen. „Ein tolles Wetter habt ihr mitgebracht", meinte Amalia. „Was haltet ihr von einem Ausflug?" „Hört sich super an", rief Aisha begeistert. Wir machten uns einen bombastischen Picknickkorb und starteten. Hinter dem Haus fing der Wald an. Anfangs redeten wir nicht sehr viel. Wir lauschten dem Vogelgezwitscher und den Geräuschen des Waldes. Die grünen Blätter taten gut, als die Sonne höher stieg. Ich hatte das Gefühl, dass sie uns vor der Welt beschützen wollten.

Irgendwann kamen wir zu einer Lichtung mit Tischen und Bänken. „Unser Picknick ruft und eure Mägen habe ich auch schon knurren gehört. Lasst uns hier die Mittagspause machen“, schlug Amalia vor. Wir zögerten natürlich keine Minute.

„Seid mal ganz ruhig“, meinte Amalia plötzlich. Am anderen Ende der Lichtung konnten wir ein kleines Reh erkennen. Es stand dort und graste friedlich vor sich hin. „Was es wohl über uns denkt?“, fragte Aisha leise. Ich spürte, dass sie ihre Unbefangenheit wieder verloren hatte. Ihre Augen waren dunkel und traurig. „Ich finde es komisch, in so einem Paradies zu sein“, sagte Aisha. „In der Schule haben sich alle bekämpft. Wie im Krieg.“ „Das kann ich mir vorstellen“, meinte Amalia. „Es ist meine Schuld“, sagte ich, „weil ich mit Aisha zusammen sein wollte. Ihre Eltern hatten es verboten. Deswegen muss sie das Kopftuch tragen.“

„Das stimmt doch gar nicht!“, sagte Aisha. „Du hast überhaupt keine Schuld. Herr Nollendorf hat damit angefangen. Wenn er nichts gesagt hätte, hätte sich alles wieder beruhigt." „Das mit der Schuld ist nicht so wichtig", warf Amalia ein. „Die Christen haben im Mittelalter erzählt, wir alle seien schuldig und müssten erlöst werden. Das ist alles Quatsch. Hier in Frankreich wurden Kopftücher in Schulen verboten, für Schülerinnen und Lehrerinnen. Meint ihr, dass die Welt hier besser ist? Hat jemand die Taten von Mutter Teresa nach ihrem weißen Kopftuch beurteilt? Das ist ein Krieg ohne Ziel und Sinn. Wenn man seinen Willen erreicht hat, ist nichts besser geworden. Nur ein paar Tote sind auf dem Weg liegen geblieben."

Wenn Amalia redete, verstand ich meistens nur die Hälfte. Das war aber schon wichtig genug. „Das stimmt", sagte ich. „Durch die ganzen Streitereien wird nichts besser.
Es kann niemand gewinnen." „Einige gewinnen schon", warf Aisha ein. „Yilmaz zum Beispiel. Der wird jetzt auf einmal beachtet. Genauso wie mein Vater." „Aber ganz am Ende, da werden auch die beiden verlieren", widersprach Amalia. „Sie werden ihren

Frieden verlieren und ihre Freunde oder Kinder. Und das ist vielleicht wichtiger als der Rest.“

Wir packten unsere Sachen zusammen und gingen weiter. Der Weg wurde steiler. Die Sonne stand nun tiefer und schien unter dem Blätterdach hindurch. Irgendwann würde unsere Flucht vorbei sein. Obwohl es nicht heiß war, begann ich zu schwitzen. Was würde dann kommen? Was sollten wir tun? Wenn ich an den Rückweg dachte, fühlte ich mich, als müsste ich sterben. Aisha würde in ihr Verderben stürzen. Wir begannen schwerer zu atmen, während wir unseren Gedanken nachhingen.

„Aishas Eltern suchen uns. Was sollen wir machen?“, sagte ich nach einer Weile. „Ihr müsst zurückfahren. Oder wollt ihr wirklich ohne Abitur aus der Schule?“, meinte Amalia „Nein. Will ich nicht“, sagte Aisha, wir können nicht zurück. Meine Familie rastet aus.“

Die Bäume schauten auf uns. Ich kam mir sehr klein vor und nahm Aishas Hand. Ein frischer Wind kam auf. „Kopftuch hin oder her“, sagte Amalia, „die Menschen hinter den Tüchern sind wichtig.“ Amalia hatte Recht, aber meine Angst nahm mir das nicht. „Sie werden uns verprügeln, wenn wir zurückgehen. Und Aisha wird mit irgendeinem, den sie noch nie gesehen hat, verheiratet werden.“ Das durfte einfach nicht passieren.

Wir gingen noch ein paar Meter und waren dann auf einer Bergkuppe mit einem großartigen Ausblick. Davon konnte einem fast schwindelig werden. Aisha nahm ihr Kopftuch ab und warf es in die Luft. Wir sahen zu, wie es der Wind weit davontrug.

Am Ende erwischte uns fast ein Gewitter. Es blitzte und donnerte laut. Den Regen konnten wir uns dann aber zum Glück gemütlich im Haus bei einer Tasse Tee ansehen. „Mein Nachbar“, erzählte Amalia, „kommt von einer Insel, die früher eine französische Kolonie war, La Réunion. Er hat eine dunkle Haut. Als er hierher gezogen ist, haben ihn die Leute auf der Straße wie Ungeziefer angeschaut. Sie wollten ihm noch nicht einmal die Hand geben.“ „Warum?“ „Er ist ihnen fremd gewesen und hier mag man nichts Fremdes. Es gibt überhaupt nur wenige Menschen, die aus ihrem Land wegziehen, wenn sie nicht müssen." „Stimmt." „Und mein Nachbar fühlte sich hier auch etwas verloren. Er wusste wenig über unsere Kultur, kannte niemanden und hatte keine schützende Familie. Wie auch immer, jetzt bin ich mit ihm verabredet. Macht euch einen schönen Nachmittag. Nachher sollten wir euren Eltern allmählich Bescheid geben. Überlegt schon mal, was ihr sagen wollt …" Amalia machte sich fertig und ging los. Aisha und ich blieben alleine im Haus.

8.

In der Ruhe des Hauses ergriff uns eine große Unruhe. „Wir müssen weg“, sagte ich. „Amalia kommt durch uns noch in Schwierigkeiten.“ „Zurück können wir nicht. Wir müssen versuchen, uns auf unsere eigenen Beine zu stellen.“ „Stimmt!“ „Du hattest doch gesagt, wir können hier noch bei der Weinlese helfen.“ „Genau. Ich habe eine Adresse im Elsass. Da können wir hin.“ „Dann lass uns jetzt gleich gehen. Wir haben Amalia schon genug in die Sache reingezogen. Sie ist gerade nicht da, hat keine Ahnung, wohin wir gehen und kann es auch niemandem erzählen.“ Aishas Augen funkelten vor Entschlossenheit. „Stimmt“, gab ich ihr Recht.

Wir packten unsere Sachen und ließen Amalia eine kurze Nachricht auf dem Tisch liegen. Dann gingen wir mit unseren Rucksäcken an die Hauptstraße und warteten. Nach einigen Autos und Stunden waren wir tief im Elsass zwischen Weinbergen. Die Weingenossenschaft, die ich herausgesucht hatte, war am Ende eines schmalen, unbefestigten Weges. Die Leute dort konnten deutsch: „Schön, dass ihr kommt. Wir können im Moment jede Hilfe gebrauchen.“ Wir auch, dachte ich bei mir. Ich hatte eine Einverständniserklärung von meinem Vater gefälscht. Niemand stellte dumme Fragen.

Vorübergehend hatten wir eine Lösung gefunden. Aber bald mussten wir uns etwas Neues ausdenken. Wenn wir zurückgehen müssten, würde alles zusammenbrechen. Ich holte tief Luft. Die Angst hatte mich im Griff.

Am nächsten Tag fuhren wir ziemlich früh mit einem Traktor zu den Weinbergen.
Die Weinlese war in den letzten Zügen.
Die Frauen hatten alle ein Kopftuch gegen Sonne und Wind auf. Sie gaben Aisha auch eins. Ich fand das ziemlich lustig. Wir waren so viele Kilometer geflohen und dann bekam Aisha wieder ein Kopftuch auf.

Die Weinlese war anstrengend. Es machte zwar Spaß, den ganzen Tag draußen zu sein. Aber wir hatten keine Zeit, uns zu unterhalten und standen oft in einer gebückten Haltung, um die Reben einzusammeln. Wir sangen mit den anderen zusammen Lieder und hatten gute Laune. Als wir abends wieder zurückfuhren, spürte ich jeden Knochen. Und Kopftücher spielten keine Rolle mehr. „Wenn mein Vater wüsste, dass ich im Alkoholgeschäft tätig bin …“, grinste Aisha. „Aber du hast doch dein Kopftuch auf. Dann passt das schon“, sagte ich.

„Ihr seid uns eine große Hilfe“, lobte uns der Gutsbesitzer am Abend. „Danke“, antwortete ich, „es macht auch Spaß. Die frische Luft und so.“ „In Frankreich wäre das nicht einfach, eine Araberin und ein Deutscher“, fuhr er fort. „Wie geht das in Deutschland zusammen?“ Seine Frau ergänzte: „Ihr habt doch unterschiedliche Religionen, oder?“ Aisha und ich schauten uns an. Was genau durften wir sagen? „Wir sind beide nicht so religiös“, sagte Aisha, „und wenn man sich mag, sind andere Dinge wichtig.“ „Schön wär's“, entgegnete der Gutsbesitzer. „Unsere Tochter hat einen Tunesier kennen gelernt. Vor einem halben Jahr haben sie geheiratet. Jetzt ist sie schwanger und die tunesische Familie mischt sich ein, wie die Kinder erzogen werden sollen. Den Streit könnt ihr euch gar nicht vorstellen. Manchmal denke ich, dass zwei unterschiedliche Völker nicht zusammenkommen sollten."

Bei solchen Sätzen regte sich sofort Aishas Widerstandsgeist. „Nein!", sagte sie, „genau im Gegenteil. Die Menschen müssen sich doch verstehen. Sonst gibt es immer nur Krieg." Aishas Augen funkelten vor Erregung. Ich versuchte den Grund der Aufregung zu erklären: „Bei uns an der Schule hat es viel Ärger gegeben, weil ich mit Aisha zusammen bin. Am Ende musste sie ein Kopftuch tragen." Die Gutsbesitzer nickten verständnisvoll. „Jetzt sind wir hier bei der Weinlese und Aisha hat ein Kopftuch gegen die Sonne auf." Wir lachten. „Am Ende zählt, dass die Menschen sich verstehen", sagte die Frau des Gutsbesitzers.

Das viele Arbeiten tat uns gut. Ich hatte das Gefühl, dass mein Kopf betäubt und mein Körper durchgeknetet wird. „Wie lange können wir denn hier bleiben?", fragte Aisha am Abend. „Vielleicht noch eine Woche. Dann müssen wir weiter. Außerdem sollten wir unseren Eltern sagen, wo wir ungefähr sind." „Sonst gibt es noch eine Großfahndung ..." „Vielleicht sollten wir noch mal das Land wechseln. Nach Italien oder Spanien zum Beispiel." „Aber was machen wir dort, Orangen pflücken?", fragte Aisha. „In der Türkei wäre ich schon verheiratet und hätte zwei Kinder. Aber hier, hier will ich studieren und dann vielleicht Ärztin werden. Dafür muss ich mein Abitur haben." „Sollen wir denn unsere Sachen packen und zurück?" „Ich kann nicht mehr zurück. Meine Familie sorgt dafür, dass wir beide windelweich geprügelt werden. Wie meine Schwester, als sie den Heiratsanwärter nicht sehen wollte."

Am nächsten Morgen merkten wir, dass die anderen uns komisch ansahen. Was war passiert? „Ihr werdet gesucht! Ihr müsst zur Polizei. Wir können euch nicht hier behalten." Mir wurde ganz schlecht. Aisha ist fast das Herz stehen geblieben, aber sie sagte nichts. Auf dem Tisch lag eine französische Zeitung mit unseren Fotos. Schlechte Fotos, aber eindeutig wir beide. Am Abend vorher waren wir wohl auch im Fernsehen.

9.

Am liebsten wäre ich aufgestanden und losgerannt. Einfach weg. Ich schaute zu Aisha. Wir wollten unsere Rucksäcke schnell packen und verschwinden. Aber wir ahnten, dass es dazu zu spät war. Dann sahen wir zwei Polizeiautos schnell auf das Haus zufahren. Irgendjemand hatte bei der Polizei angerufen.

Nur wenige Minuten später mussten wir unter Polizeiaufsicht packen. Anschließend zwängten sie uns in den Polizeiwagen und fuhren nach Straßburg. Ich spürte Aishas Angst. Die ganze Zeit dachte ich daran, aus dem Wagen rauszuspringen. Unsere Flucht war eine Schnapsidee gewesen. Wir hätten damit rechnen müssen, dass nach uns gesucht wird. Aber daran hatten wir nicht gedacht oder wollten vielleicht nicht daran denken. So ist das eben, wenn man einfach nicht mehr weiterweiß.

In Straßburg wurden wir zum Bahnhof eskortiert. Ein deutscher Polizist setzte sich mit uns in das Abteil. Wir saßen einfach da. Die Landschaft rauschte an uns vorbei. Immer wieder spürte ich, wie Panik bei Aisha aufstieg. „Mein Vater verprügelt mich, wenn er weiß, dass ich in einem Weingut gearbeitet habe.“ Mit Hochgeschwindigkeit fuhr der Zug nach Hause. Viel zu schnell, um alles zu verarbeiten. Als wir ausstiegen, schob der Polizist Aisha ziemlich grob aus dem Zug. Sie weinte vor Angst. Auf dem Bahnsteig war es kühl. Der Herbst war vorbei und unsere Reise auch.

„Bist du eigentlich wahnsinnig?“, empfing mich mein Vater und gab mir eine Ohrfeige als Begrüßung. „Letzte Woche hat mir die Familie deiner türkischen Freundin die Hölle heiß gemacht. Ihre Tochter sei keine Hure und die Ehre der Familie in höchster Gefahr. Bist du völlig übergeschnappt?“

Ich versuchte herauszufinden, was geschehen war. Mein Vater hatte nach dem Anruf von Aishas Eltern meine Verwandten abtelefoniert. Aber Aisha und ich waren ja noch unterwegs und Amalia wusste noch nicht, dass wir zu ihr wollten. Deswegen sind Aishas Eltern dann zur Polizei.

Während mein Vater vor sich hinschimpfte, kam mir Aisha in den Sinn. Wie würde sie wohl empfangen werden? Dann konnte ich meinen Vater nicht mehr ertragen. „Halt deinen Mund, wenn du nichts verstehst," schrie ich ihn an und rannte raus.
Ich setzte mich auf mein Fahrrad und fuhr zu Aisha.

Als ihr Haus in Sicht war, sprang ein schwarzer Schatten vor mein Rad. „Gut, dass ich dich endlich erwische", sagte Mehti. „Hier war vielleicht was los, während ihr euer Schäferstündchen hattet." Außer Atem stieg ich vom Rad. „Verdammt, erzähl doch endlich!" „Ich weiß es von Leila. Deren Mutter war dabei, als Aisha nach Hause kam. Ein Riesengeschrei. Aishas Mutter hat gesagt, dass Aisha jetzt heiraten muss." „Scheiße! Ich muss irgendwas machen." „Weggerannt seid ihr ja schon. Das bringt nichts." „Wenn ich mit Aisha doch sprechen könnte …" Mehti rief Leila an, und wir verabredeten uns in der alten Werkstatt von Mehtis Onkel. Vielleicht hatte Leila eine Idee.

Zehn Minuten später trafen wir Leila in der Werkstatt. „Aishas Vater stand gestern bei meinen Eltern vor der Tür“, sagte sie, „sie soll so schnell wie möglich heiraten. Ihre Verwandten in der Türkei haben schon einen Kandidaten ausgesucht. Sonst würde die ganze Familie entehrt werden und so. Alles sei eine große Schande. Aishas Onkel ist zu einem Imam und hat den um Rat gefragt.“ „Was ist denn ein Imam?“, fragte ich. „Das ist der Vorbeter in der Moschee. Und er leitet auch die moslemische Gemeinde, so ähnlich wie ein Pfarrer.“ „Verdammt, was sollen wir nur machen?“

„Ich hole Aisha kurz her“, sagte Leila. Sie nahm ihr Handy und rief bei Aisha an. Aishas Mutter nahm ab. Leila sagte, sie wolle Aisha kurz zeigen, was sie in der Schule gemacht haben. Ob das ginge. So einfach ist das manchmal.

Mehti erzählte in der Zwischenzeit. „Hier ist wirklich alles schief gelaufen. Du hattest ja etwas Puffer für eure Flucht eingeplant. Aber Aishas Eltern sind an dem Freitag gar nicht zu ihren Verwandten gefahren, wie sie ja vorgehabt hatten. Ihr Auto ist unterwegs kaputtgegangen. Als sie wieder zu Hause waren und Aisha weg gewesen ist, haben sie sofort Verdacht geschöpft. Dann haben sie bei deinem Vater angerufen und Sonntagmorgen stand die Polizei vor unserer Haustür. Sie sagten, dass sie wegen Verdacht auf Entführung ermitteln würden." „Das mit der Entführung haben sie uns auch in Frankreich schon gesagt. So ein Blödsinn."

„Das war jedenfalls der Grund für die ganze Aufregung", fuhr Mehti fort. „Die Polizei hat die halbe Schule nach euch ausgefragt. Jeder weiß inzwischen, dass ihr beiden zusammen weg gewesen seid. Leila und ich waren der Meinung, dass wir diesen ganzen Unsinn mit der Entführung sofort beenden müssten. Wir sind zur Polizei und haben erzählt, ihr seid nach Holland, um euren ersten Joint zu rauchen. Das haben sie uns auch geglaubt." „Aber wie sind denn die Fahndungsfotos in die Zeitung gekommen?" „Wegen deiner Tante. Die hat deinen Vater angerufen und erzählt, dass ihr bei ihr ward und alles in Ordnung ist. Danach war aber nichts mehr in

Ordnung. Alle wussten, dass ihr nicht in Holland gewesen seid und wir gelogen haben. Uns hat dann niemand mehr geglaubt."

Eine halbe Stunde später war Aisha da. Ich sprang ihr entgegen. Sie hatte dicke Ringe unter den Augen. „Geht's dir gut?", fragte sie mich. „Geht so. Ich bin einfach wieder abgehauen. Aber du, was ist dir passiert?"
„Die Polizei hat mich nach Hause gefahren. Zum Glück war nur meine Mutter da. Die wollen mich wirklich mit einem Türken verheiraten. Ich habe geschrien, dass ich das niemals tun werde." Wie sollten wir da wieder rauskommen? Oder überhaupt den morgigen Tag überstehen? Mir wurde das langsam zu viel.

„Ich weiß was", rief Mehti, „wir fragen meine Mutter. Die hat bestimmt eine Idee." Mehti telefonierte. Aisha und ich waren völlig hinüber. Kein Platz für Zärtlichkeiten. „Mutter im Anmarsch", meldete Mehti. Nach einer Viertelstunde tauchte dann wirklich Mehtis Mutter auf. Sie begrüßte uns mit einer Umarmung.

Ohne lange zu warten, ließ ich meinen Sorgen freien Lauf: „Aisha soll verheiratet werden. Und morgen in der Schule steht wahrscheinlich ein Prügelkommando von Yilmaz am Eingang, um uns zu begrüßen.“ „Es hat euch ja niemand versprochen, dass es ein Kinderspiel werden wird. Ihr habt begonnen, euren eigenen Weg zu gehen. Einfach aufgeben ist keine Möglichkeit mehr. Ich erinnere mich noch gut, als ich Mehtis Vater kennen gelernt habe. Er ist nach Deutschland zum Arbeiten gekommen. Hier kam ich auch prima mit ihm klar. Als es aber dann daran ging, zu seiner Familie in die Türkei zu gehen, fing er an, mir Vorschriften machen zu wollen.“ „Zum Beispiel?“ „Zum Beispiel ein Kopftuch zu tragen oder auf der Straße nicht neben, sondern hinter ihm zu laufen. Oder ihm vor anderen nicht zu widersprechen.“ „Krass.“ „Das war vor zwanzig Jahren. In Deutschland sind Frauen damals auch nicht besonders frei gewesen. Aber man muss sich ja nicht gefallen lassen, was andere mit einem machen wollen.“

„Warum sind Sie dann bei ihm geblieben?“, fragte Aisha. „Weil ich ihn geliebt habe und das auch heute noch tue. Aber er kommt aus einer anderen Welt. Vielleicht ist es ja auch gerade das, was ihn so anziehend macht. Aber man darf seine eigene Freiheit nie aufgeben. Also habe ich ihm klipp und klar gesagt, dass ich so ein Leben nicht mitmache. Das gab einen Riesenknatsch.“ „Ist immer noch nicht ganz vorbei“, grinste Mehti. Seine Mutter lachte. „Die Welt braucht jedenfalls freie und selbständige Menschen, die ihren Weg gehen. Und schaut euch doch mal um. Überall dort, wo Frauen sich selbst bestimmen, dort gibt es wohlhabende, offene und friedliche Gesellschaften.“ „Aber das ist doch alles Theorie“, warf ich ein, „was sollen wir denn morgen machen? Und was soll Aisha zu Hause machen?“

„Keiner kann euch sagen, was ihr machen sollt“, sagte Mehtis Mutter. „Das müsst ihr selbst herausfinden. Richtig und falsch gibt es dabei nicht. Einen Tipp kann ich euch natürlich geben: Religion ist für die meisten Menschen ein Haltepunkt und eine Identifikation. Für einige auch wie eine Heimat.

Wenn man sie ihnen wegnimmt, darauf herumtrampelt oder absichtlich gegen Regeln verstößt, dann macht man sich viele Menschen zu Feinden." „Das klingt ganz plausibel", stimmte ich zu. „Aber was bedeutet das für uns? Wir müssen morgen in eine Welt voller Verrückter zurück."

„Als ich bei der Familie von Mehtis Vater in der Türkei war, habe ich am Anfang versucht, die anderen zu überzeugen. Dass ich im Recht bin. Dass die Frauen keine Kopftücher tragen sollen und so weiter. Niemand hat mir zugehört. Sie dachten, dass ich eine Verrückte aus Deutschland bin." „Und dann?" „Ich habe angefangen, mehr über mich zu reden. Zum Beispiel warum ich kein Kopftuch mochte. Und ich habe versucht, meine türkische Familie so zu akzeptieren, wie sie war. Dann konnten wir plötzlich gemeinsam über den Unsinn in der Welt lachen. Mit und ohne Kopftuch. Meine Erfahrung ist, dass man die anderen nicht angreifen sollte, sondern am besten auf sich selbst beschränkt bleibt. Und was eigentlich selbstverständlich ist: Seinem

Gegenüber respektvoll begegnen, dann wird es vielleicht erwidert.“ Ich interpretierte das für mich so: Bei allem, was wir morgen tun würden, würde weniger zählen, was wir tun, sondern mehr die Art, wie wir es tun.

Es wurde Zeit, dass Aisha wieder nach Hause ging. Sonst hätten wir gleich das nächste Entführungskommando auf dem Hals gehabt. „Ich wünsche euch alles Gute“, verabschiedete sich Mehtis Mutter. Ich umarmte Aisha. Leila brachte sie nach Hause. Aisha war recht ruhig. Sie würde auf keinen Fall nachgeben. Keine Heirat, kein Kopftuch. Ihre Eltern würden vielleicht wieder ausrasten. Aber das kannte sie nun ja schon. Morgen wollten wir gemeinsam in die Schule gehen und den Streit endlich beenden.
Uns war natürlich mulmig. Aber wir hatten auch das Gefühl, dass wir genau das taten, was wir wollten, und nicht das, was andere wollten. Das machte uns stark.

10.

Am nächsten Morgen sahen wir uns wie verabredet vor der Schule. Wir gingen zusammen los. Am Schultor standen die Wachhunde von Yilmaz. Sie registrierten uns schon aus der Ferne. Aisha und ich hielten uns an den Händen. Sie hatte kein Kopftuch an. Je näher wir kamen, desto mehr schwitzten unsere Hände. Mein Herz klopfte, als würde es gleich platzen. „Hi Alex", rief Kevin. „Hast Du Aisha bekehren können?" Ich versuchte ruhig zu bleiben. „Hi Kevin, der Streit ist vorbei." Kevin schaute ungläubig. Wir liefen weiter. Nach ein paar Metern stellte sich Yilmaz breitbeinig vor uns. „Du meinst wohl, du könntest ungestraft unsere Bräute flachlegen, oder was? Lass sofort Aishas Hand los!" Wir gingen langsamer. Sollte das jetzt in einer Schlägerei enden? Mehti stand ganz dicht neben mir. „Das ist mein Freund. Lass ihn in Ruhe." Sekundenschnell teilten sich die Schüler in zwei Gruppen auf. Aus dem Lehrerzimmer kamen schon zwei aufgeregte Lehrer angerannt, um ihre „Jetzt-ist-hier-aber-Schluss-Sprüche" von sich zu geben.

„Du bist auf der falschen Seite, Mehti, verschwinde!“, drohte Yilmaz. „Ich entscheide selbst, was ich tue“, sagte Aisha plötzlich, „es ist mein Leben, mein Freund und es sind meine Haare, die ich zeige. Such dir eine Frau, die Kopftücher mag.“ Yilmaz war überrascht, dass Aisha ihn so direkt angesprochen hatte. „Da haben dein Vater und der Imam aber eine andere Meinung“, entgegnete Yilmaz überlegen. „Mein Leben gehört mir. Keinem Imam, nicht meinen Eltern und auch nicht dir!“ Yilmaz schaute verwirrt. Das genügte den Lehrern, um die morgendliche Versammlung aufzulösen. Es reichte auch irgendwie, um die Spannung vom Schulhof zu nehmen.

Im ersten Moment dachte ich, dass Aisha irgendwie wundersame Worte gesprochen hatte. Es war aber einfach die Tatsache, dass sie aufgehört hatte zu tun, was andere von ihr wollten. Selbst denken und fühlen. Dann gibt es keine Gruppen mehr, die sich bekämpfen, sondern einfach Menschen, die sich um das kümmern, was ihnen wichtig ist. Ich dachte, dass könnte der Anfang für ein normales Leben sein.

Aber nichts wurde normal. Nach der Schule sah ich, dass das zu einfach gewesen wäre. Aishas Mutter wartete am Ausgang. Sie holte Aisha persönlich ab. Weinend nahm sie ihre Tochter in die Arme. Wir anderen standen mit etwas Abstand da und kamen uns ziemlich überflüssig vor. Ich ging mit dem Gefühl einer unsichtbaren Bedrohung nach Hause. Man sieht Rauch und weiß, dass irgendwo das Feuer dazu sein muss. Aber das Feuer sieht man oft erst sehr spät.

Während ich Mehti zu einem Freund begleitete, kamen wir am Bahnhof vorbei. Ich sah, wie sich Leute in die Arme nahmen und verabschiedeten. Plötzlich verstand ich das Gefühl, das ich hatte, als Aisha abgeholt wurde. Aishas Mutter benahm sich, als würde sie Aisha lange nicht mehr sehen. Vielleicht sollte Aisha in die Türkei zurück? „Mehti, wir müssen zu Aisha. Ich glaube, es wird etwas Schlimmes passieren.“ Mehti schaute überrascht, aber wir zögerten keine Sekunde.

Als wir vor Aishas Hochhaus standen, begann es zu regnen. Wir wussten nicht, was wir tun sollten. Hochgehen und klingeln? Was sollte ich sagen? Aber noch während wir überlegten, kam Aisha mit einer Einkaufstasche aus dem Haus. Sie hatte ihr Kopftuch wieder an. Schon von weitem konnte ich ihre dunklen Augenringe erkennen. Aisha sah nicht gut aus. Hatte sie aufgegeben?

„Aisha!", rief ich. Sie schaute auf. Dann sah sie sich vorsichtig nach allen Richtungen um und lief schließlich zu uns herüber. „Was macht ihr hier?" „Wir wollten nach dir schauen." „Es ist heute ganz schlimm gewesen. Meine Mutter weint die ganze Zeit. Sie sagt aber nicht richtig, warum." „Wieso hast du das Kopftuch wieder auf?" „Ich brauchte einfach Ruhe vor den Streitereien. Jetzt muss ich einkaufen. Später versuche ich mich mal zu melden."

Aisha ging weiter. „Da können wir wohl nicht viel machen", sagte Mehti. Wir drehten uns um und gingen los. Als ich Aisha noch einen letzten Blick zuwerfen wollte, war sie wie vom Erdboden verschluckt. Plötzlich hörten wir Schreie. Wir rannten.

Die Schreie kamen aus einem dunklen Gang zwischen zwei Hochhäusern. Ich konnte nicht richtig sehen, was dort los war. Aber ich hörte Aisha. Sie schrie etwas auf Türkisch. Mehti und ich gingen in den düsteren Gang und sahen eine Treppe nach unten zu einer Kellertür. Wir rannten die Stufen herunter. Auf dem nassen Boden rutschten wir fast aus. Was wir dann sahen, war wie in einem Horrorfilm. Aisha waren die Hände zusammengebunden. Den Typen konnte ich nicht richtig erkennen. Jedenfalls breit gebaut. Er hatte ein Messer in der Hand und ging Aisha an die Kehle. Als wir reinkamen, wirkte er überrascht. Er hatte wohl nicht damit gerechnet, dass jemand so schnell da sein könnte. Mehti zögerte keine Sekunde und warf sich mit seinem ganzen Körpergewicht auf den Typen. Der wich geschickt aus und wurde so nur leicht angerempelt. Das war meine Gelegenheit. Ich sprang ihm mitten ins Gesicht. Plötzlich raste ein Schmerz in mein Gehirn.

Sein Messer steckte in meinem Oberschenkel. Ich begann zu schreien.

Mehti war in der Zwischenzeit wieder auf den Beinen. Diesmal erwischte er den Kerl mit einem Kinnhaken. Bei Mehti ist da ordentlich Gewicht hinter. Es knackte laut, der Kerl schrie auf und hielt sich das Kinn. Dann rannte er weg. Es goss inzwischen in Strömen.

Aisha war unverletzt. Mehti hatte nur ein paar Schrammen abgekriegt. Er machte ihr die Fesseln ab und rief einen Krankenwagen. Ich krümmte mich vor Schmerz auf dem Boden, bis der Notarzt da war. Dann bekam ich endlich eine Betäubung und im Krankenhaus wurde kurz darauf die Wunde versorgt. Es würde eine Weile dauern, bis ich wieder normal gehen konnte. Einige Tage sollte ich im Krankenhaus bleiben. Mehti und Aisha gaben der Polizei eine Beschreibung von dem Typen. Vielleicht würde er erwischt werden.

Abends kam mein Vater ins Krankenhaus. Er wirkte ziemlich geknickt. „Mein Gott, ich bin wirklich froh, dass du einigermaßen glimpflich da rausgekommen bist.“ „In ein oder zwei Wochen wird es schon wieder gehen. Aisha wäre es schlimmer ergangen." „Du und deine Freundin. Das kann doch nichts werden. Ihre Eltern sind richtige Moslems. Das passt doch nicht …" Während mein Vater so an meiner Bettkante saß und redete, merkte ich, dass wir beide uns einfach nichts zu sagen hatten. Er fragte mich nicht, was mich beschäftigte und auch nicht, ob er etwas für mich tun könnte. Er war einfach zu sehr mit sich selbst beschäftigt.

Ich hätte gerne einen Vater gehabt, der nach mir fragte. Aber irgendwie würde ich wohl lernen müssen, ohne so jemanden auszukommen. Keine Ahnung, wie das gehen sollte. Ich fühlte mich viel zu jung für eine Welt mit Messerstechern und ohne Vater.

Am nächsten Morgen kam Mehti schon vor der Schule in das Zimmer gestürmt. „Sie haben ihn erwischt!" „Was, wirklich? Wie denn?" „Mein Kinnhaken hat ihn wohl doch ziemlich übel getroffen. Er lag mitten im Regen ohnmächtig am Straßenrand. Sein Kiefer war ausgerenkt und angebrochen." „Du hast eben eine knallharte Rechte. Hat die Polizei schon was aus ihm rausgequetscht?" „Das war nicht nötig. Nachdem sein Kiefer wieder eingerenkt war, hat er von selbst geredet. Der Kerl ist ein Cousin zweiten Grades von Aishas Vater. Er lebt illegal in Deutschland. Und er sagt, Aishas Vater hätte ihn angeheuert." „Das gibt's doch gar nicht." „Doch. Der eigentliche Hammer kommt aber noch. Die Polizei ist dann zu Aishas Vater und hat ihn verhört. Er hat alles gestanden und sie haben ihn festgenommen. Er wollte Aisha umbringen lassen!" Das konnte ich nicht glauben. „Woher weißt du das?" „Sie waren heute Morgen bei mir und haben mich befragt. Die Polizisten sind auf dem Weg hierher und wollen dich verhören."

11.

Ich verstand die Welt nicht mehr. „Aber warum?“, wollte ich wissen. „Verdammt, warum nur?“ „Die Polizei hat erzählt, dass der Imam in der Türkei gesagt hätte, dass Aisha die Ehre der Familie geschändet hätte. Aishas Vater hat dann einen Kurzschluss bekommen und seinen Cousin beauftragt, Aisha umzubringen!“

Noch während Mehti sprach, kamen zwei Polizisten ins Zimmer. „Alexander Tretschke?“, sprach der Polizist mich an. „Dürfen wir Sie bitte alleine sprechen?“ Ich nickte. Mehti ging und die beiden Polizisten begannen, mich ziemlich detailliert auszufragen. Als die Polizisten aus dem Zimmer waren, verstand ich allmählich, in welches Wespennest Aisha und ich gestochen hatten. Aber dass Aishas Vater so weit gehen würde, hatte wohl niemand geahnt. Wie es wohl werden würde, wenn ich aus dem Krankenhaus kam?

Am Nachmittag kam endlich Aisha. „Wir sind echte Stars geworden. Es waren schon Leute von der Zeitung da“, sprudelte sie los. „Mein Vater ist weg. Ich weiß gar nicht, wie das werden soll. Mutter muss jetzt arbeiten gehen.“ „Hey, du kannst ja zu mir ziehen!“ „Zu einem Pflegefall?“, nahm mich Aisha auf den Arm. „Zu Hause ist ein Riesendurcheinander. Meine Mutter hat den ganzen Tag geheult und mein Bruder versucht, sich als Familienchef aufzuspielen.“ „Und mit deinem Vater?“ „Es war ganz schrecklich! Fünf Polizeibeamte kamen in unsere Wohnung und haben meinen Vater aufs Revier mitgenommen. Er hat die ganze Zeit geschrien und geschluchzt. Ich konnte es einfach nicht glauben: Mein eigener Vater hetzt einen Killer auf mich! Als ich es hörte, hätte ich mich am liebsten aus dem Fenster gestürzt. Ich kann es nicht verstehen.“ Aisha war wütend und traurig zugleich. Ihr liefen ungewollt Tränen aus den zornig funkelnden Augen. „Ich wusste ja, dass mein Vater ein jähzorniger Mensch ist und manchmal ausrastet. Aber das war doch geplant. Und wofür? Ich verstehe nicht, was er damit erreichen wollte.“

„Wenigstens musst du jetzt keine Angst mehr haben, nach Hause zu gehen.“ „Das stimmt. In der Schule wird es langsam auch wieder normal. Allmählich scheinen die anderen uns einigermaßen zu verstehen. In unserer Klasse ist es heute richtig nett gewesen. Alle fragen nach dir und wollen genau wissen, was passiert ist." Das war eine gute Nachricht. Vielleicht würde es in der Schule wieder besser werden. Aisha umarmte mich. „Ich muss wieder los. Meine Mutter ist auf dem Arbeitsamt. Ich habe das Kochen übernommen. Bis morgen." Wir gaben uns einen Kuss. „Bis morgen!"

Ich träumte in dem Krankenhausbett vor mich hin, als mich ein „Hallo Alex" aufweckte. Überrascht sah ich das Gesicht meines Basketball-Trainers. „Ich wollte mich bei dir entschuldigen, wegen der Sache mit dem Bier. Bei Alkohol in der Mannschaft brennt bei mir einfach die Sicherung durch. Mehti hat mir die ganze Geschichte erzählt. Wenn du wieder fit bist – die Mannschaft wartet auf dich." „Entschuldigung angenommen. Kann aber noch eine Weile dauern, bis ich wieder einsatzfähig bin." „In den nächsten Ligaspielen werden wir vom Verband genau beobachtet werden. Die suchen Nachwuchs … also beeil dich ein bisschen." „Wow. Dann halt ich mich mal ran!" Das war eine echte Überraschung. Vielleicht würden wir ja Basketball-Profis werden! Mehti würde völlig ausrasten, wenn er das hören würde!

Ich hatte im Krankenhaus viel Zeit zum Nachdenken. Das Wichtigste, was mir klar wurde, war, dass zwar über Religion ganz viel geredet wird, aber nur ganz wenig über das, was die Menschen mit der Religion machen. Sie benutzen die Religion, um ihre Interessen durchzusetzen oder ihre Gefühle zu schützen. Eigentlich sollte es mehr um die Menschen hinter der Religion gehen. Um das, was sie wollen, nicht nur um das, was sie glauben.

Die Menschen glauben an Gott oder eben nicht. Aber im Leben geht es um Spaß, Freundschaft, Eis essen oder gute Kinofilme. Darüber müsste man viel mehr reden. Und zwar richtig reden, nicht einfach blöd jemanden runtermachen.

Mir zum Beispiel ist Aisha wichtig. Was hatte ihr Vater damit zu tun? Was hatte der Islam damit zu tun? Ich glaube, Aishas Vater hatte gemerkt, dass seine Tochter machte, was sie wollte, nicht, was er wollte. Das ließ ihn so ausrasten. Und dann noch dieser Imam in der Türkei. War der vielleicht in Deutschland aufgewachsen? Hatte er sich schon mal in ein deutsches Mädchen verliebt? Hatte er nicht! Er versuchte einfach, seinen Einfluss auszuweiten. Das finde ich nicht gut! Die Menschen sollten über sich selbst bestimmen, sich selbst eine Meinung bilden. Kein Papst, kein Rabbi und kein Ayatollah hat mehr Rechte als andere. Das finde ich jedenfalls.

Am Abend kam die ganze Klasse vorbei und brachte mir eine Riesenkiste Schokolade mit. Aisha gab mir einen dicken Kuss. Super! Alle regten sich total auf und fanden, dass Mehti und ich richtige Helden waren.

Ich fand Aisha viel mutiger, als sie Yilmaz ihre Meinung gesagt hatte. Eigentlich war das viel wichtiger als Mehtis Kinnhaken und mein Hechtsprung. Es ist unendlich schwer, anderen Menschen zu sagen, was wichtig ist. Das verändert die Welt. Nicht danach zu schauen, was einer ist oder anhat, ob Moslem oder nicht, mit Kopftuch oder Baseballkappe, sondern Menschen so zu sehen, wie sie sind. Das ist das, was zählt.

Weitere Titel aus der K.L.A.R.-Reihe

Aber ich bin doch selbst noch ein Kind!

Annette Weber

Laura ist 15 und ungewollt schwanger. Vater ihres Kindes ist der siebzehnjährige Jonas, der aber von einem Kind überhaupt nichts wissen will. Auch für die Eltern der beiden gibt es nur eine Lösung: Abtreibung, und zwar so schnell wie möglich. Laura fühlt sich mit ihren Ängsten und Zweifeln allein gelassen und entschließt sich nach mehreren Beratungsterminen ...

12–16 J., 97 S., 12 x 19 cm, Pb.
ISBN 978-3-86072-977-9
Best.-Nr. 2977
5,– € (D)/5,15 € (A)/9,30 CHF

Keine Chance – Wer geht denn schon mit Türken?

Annette Weber

Sinan wird bei einem Diebstahl mit seiner Clique erwischt. Als Haupttäter denunziert, erwartet ihn ein Prozess. Das Geld dafür will er mit einem Job auf einem Reiterhof verdienen. Dort begegnet er Mia, einer dieser superreichen, verwöhnten Pferdetussis. Das denkt er jedenfalls am Anfang …

12–16 J., 87 S., 12 x 19 cm, Pb.
ISBN 978-3-86072-919-9
Best.-Nr. 2919
5,– € (D)/5,15 € (A)/9,30 CHF

Und schneller als die Bullen waren wir auch!

Kurt Wasserfall

No risk, no fun: Der 14-jährige Ron liebt PS und Geschwindigkeit, vor allem bewundert er seinen älteren Bruder Torsten, der illegale Autorennen fährt. Das muss doch auch mit frisierten Mofas gehen, selbst wenn man noch keinen Führerschein hat! Leider gibt es da aber noch die kleine blöde Schwester, die ihre Nase überall reinstecken muss ...

12–16 J., 105 S., 12 x 19 cm, Pb.
ISBN 978-3-8346-0168-1
Best.-Nr. 60168
5,– € (D)/5,15 € (A)/9,30 CHF

Dich machen wir fertig!

Wolfgang Kindler

Sandra ist eine gute Schülerin, beliebt bei ihren Mitschülern und befreundet mit den coolsten Mädchen ihrer Klasse, Melanie und Birgit. Doch Sandras Leben ändert sich schlagartig, als sich ausgerechnet Melanies Freund Michael für sie interessiert. Nach den Ferien ist nichts mehr, wie es einmal war: Angestachelt von Melanie wird Sandra von ihren Mitschülern gedemütigt und schikaniert. Irgendwann müssen sie doch damit aufhören! Aber es wird immer schlimmer …

12–16 J., 106 S., 12 x 19 cm, Pb.
ISBN 978-3-8346-0286-2
Best.-Nr. 60286
5,– € (D)/5,15 € (A)/9,30 CHF

Ich habe echt keinen Hunger!

Monika Plöckinger

Silke ist 14 und unglücklich verliebt. Damit ihr Traummann Henning sich endlich für sie interessiert, beschließt sie: Der Babyspeck muss weg! Aber ein paar Kilos reichen nicht. Aus einer Diät wird der Wahn, gar nicht mehr zu essen. Erst nach einem Unfall erkennt Silke ihre Essstörung. Schafft sie mit Florian, den sie im Krankenhaus kennenlernt, gemeinsam einen Neuanfang?

12–16 J., 92 S., 12 x 19 cm, Pb.
ISBN 978-3-8346-0034-9
Best.-Nr. 60034
5,– € (D)/5,15 € (A)/9,30 CHF

Merkt doch keiner, wenn ich schwänze

Annette Weber

Der 15-jährige Stefan fühlt sich zu Hause überfordert: auf die kleine Schwester aufpassen, im Haushalt mithelfen ... – alles wächst ihm über den Kopf. Als er in der Schule allmählich abrutscht, drückt er sich vor Klassenarbeiten und macht blau. Schwänzen ist viel einfacher und spannender als Schule – und dann trifft er auch noch Larissa ...

12–16 J., 97 S., 12 x 19 cm, Pb.
ISBN 978-3-8346-0036-3
Best.-Nr. 60036
5,– € (D)/5,15 € (A)/9,30 CHF

Sauf ruhig weiter, wenn du meinst!

Annette Weber

Meike ist seit vier Wochen mit Tom zusammen. Für sie ist es die erste große Liebe. Aber Tom ist Alkoholiker, ständig pleite und lügt Meike immer öfter an. Sie hofft, ihn von der Flasche wegzubekommen, aber Tom legt auf ihre Hilfe keinen Wert. Dann trifft Meike Richard ...

12–16 J., 85 S., 12 x 19 cm, Pb.
ISBN 978-3-86072-875-8
Best.-Nr. 2875
5,– € (D)/5,15 € (A)/9,30 CHF

Verlag an der Ruhr

Postfach 10 22 51
D–45422 Mülheim an der Ruhr
Tel.: 02 08/495 04 900
Fax: 02 08/495 04 295
E-Mail: info@verlagruhr.de
www.verlagruhr.de

Bücher für die pädagogische Praxis